이솝이야기로 풀어본
어린이 한자 공부 ①

이야기 술술!
한자 쑥쑥!

한자능력검정시험 **8급** 대비

진동삼 엮음/그림

정진출판사

'이야기 술술! 한자 쏙쏙!'은 이런 특징이 있어요!

한자를 쉽고 재미있게 공부할 수 있는 방법은 없을까? 한자를 배우려는 사람이라면 누구나 한 번쯤은 이런 생각을 하였을 것입니다. 필자 역시 오랫동안 어린이들의 한자능력을 효과적으로 키우기 위한 방법은 없을까 고민하고 연구해왔습니다. 그 결과 아주 색다른 방법의 한자 길잡이 '이야기 술술! 한자 쏙쏙!'을 펴내게 되었습니다. 이 책은 한자를 무조건 외우는 방식에서 벗어나 재미있는 이야기를 읽으면서 언어능력을 키우고 아울러 한자를 자연스럽게 익힐 수 있도록 만들었습니다.

또한 날로 응시자 수가 늘어나고 있는 한자능력검정시험에 대비할 수 있도록 각 급수에 맞는 한자를 따로 정리해주어 어린이들이 직접 쓰면서 익히도록 하였습니다. 8급과 7급 한자는 널리 알려진 〈이솝이야기〉를 바탕으로 꾸몄고, 6급, 5급, 4급 한자는 일상 언어생활에서 자주 쓰이는 교훈이 담긴 속담 가운데서 뽑았습니다.

어린이 여러분! 아무리 쉽고 재미있는 학습방법이라도 꾸준한 노력 없이는 훌륭한 성과를 거둘 수 없습니다. 배운 한자를 끊임없이 반복해 연습하고 실생활에서 활용하여 좋은 결실을 맺기를 바랍니다.

지혜와 도덕심을 배울 수 있는 이솝이야기

이솝이야기는 우리들의 삶의 모습이 담겨 있습니다. 이야기 속에 나오는 동물이나 사람과 나를 비교하면서 가치있는 삶이 무엇인지를 되돌아볼 수 있습니다.

이제와는 전혀 다른 한자 학습방법

꿩 먹고 알 먹는 식의 한자 학습방법을 아세요? 독서 따로 한자 공부 따로 할 필요가 없습니다.
재미있는 이야기를 읽으면서 한자도 알고 언어력도 키울 수 있습니다. 단계적 한자학습을 위해 8급 한자가 포함된 한자어만 수록하였습니다.

8급 한자능력 검정시험 완전대비

각 한자에 대한 음훈·부수·총획수 등을 한눈에 알아볼 수 있도록 짜임새 있게 정리하였습니다. 또한 그동안 출제되었던 문제에서 뽑은 가장 빈도수 높은 한자어와 본문에서 나온 한자어를 중복 없이 풀이와 함께 수록하였습니다. '참고하세요!'는 8급 이상의 한자가 포함된 한자어입니다. 8급 시험에는 나올 수 없는 한자어이지만 본문 이해와 어휘력 향상에 도움이 될 것입니다.

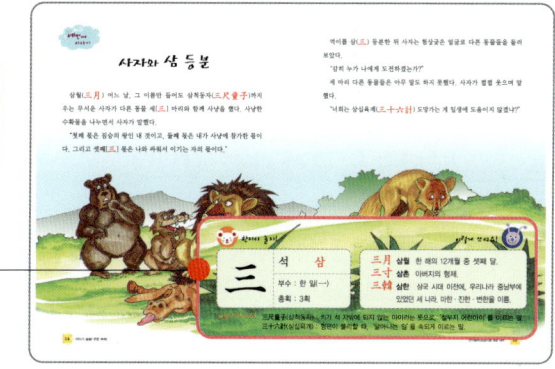

배운 한자를 완벽하게 익힐 수 있는 연습란

한자를 익히기 위한 가장 좋은 방법은 이미 배운 한자를 반복해서 많이 보고 그 다음 많이 써 보는 것입니다. 단순히 보고 암기하는 식의 학습을 탈피하여 쓰면서 익힐 수 있도록 연습란을 구성하였습니다.

간편하게 들고 다니면서 익힐 수 있는 한자 그림카드

8급 한자 50자를 책 뒷부분에 그림과 함께 따로 정리하였습니다. 언제 어디서나 간편하게 들고 다니면서 한자를 익힐 수 있도록 카드 형태로 만들었습니다.

한자능력검정시험 안내

 한자능력검정시험이란?

한자능력검정시험이란 사단법인 한국어문회가 주관하고 한국한자능력검정회에서 시행하는 제도로서, 학생과 일반인들의 진학과 취업에 대비하여 평생학습의 하나로 익힌 한자능력을 객관적으로 평가, 인정받을 수 있는 길을 마련하여, 공공기관이나 기업체의 채용시험, 인사고과, 대입 수시모집 또는 각종 자격시험 등에 활용할 수 있게 하는 시험입니다.

 한자능력검정시험 안내

주 관 : 사단법인 韓國語文會(한국어문회 ; 서울특별시 서초구 서초1동 1627-1 교대벤처타워 501호,
☎ 02-6003-1400, 팩스 02-6003-1441)

시 행 : 韓國漢字能力檢定會(한국한자능력검정회)

시험일정 : 연 3회
○ 교육급수는 4급~8급, 공인급수는 1급~3급Ⅱ.

응시 자격
○ 1급~8급 → 전 급수 응시 제한 없음. 각자 능력에 맞게 급수를 선택하여 응시.

접수방법
- **인터넷 접수**(www.hangum.re.kr) → 사전에 인터넷 접수 회원으로 신규지원 등록한 후, 인터넷 접수 기간 중 지원 급수와 고사장을 선택하고, 신용카드 및 계좌이체 방식으로 결제하고 수험표를 출력함.
- **접수처 방문 접수** → 준비물 : 반명함판 사진 3매(3×4cm), 한자 성명, 주민등록번호, 전화번호, 우편번호, 정확한 급수증 수령 주소(잘못 기재 시 급수증이 반송됨), 응시료(현금).
- **우편 접수**(1급 지원자만 가능) → 접수처 방문 접수 준비물, 검정료 우편환 영수증을 동봉하고, 희망 1급 고사장을 명기하여 등기우편으로 발송.

시험 준비물 : 신분증(중·고생은 학생증 지참, 초등학생·미취학아동은 건강보험증 또는 주민등록등본 지참), 수험표, 검정색 필기구(볼펜 또는 플러스펜)
※ 연필과 빨간색 펜은 절대 사용 못함.

검정료

구 분	1급	2급, 3급, 3급Ⅱ	4급, 4급Ⅱ, 5급, 6급	6급Ⅱ, 7급, 8급
검정료	35,000	15,000	11,000	10,000
인터넷 접수 검정료	36,500	16,000	12,000	11,000

🔸 창구 접수 검정료는 원서 접수일부터 마감시까지 해당 접수처 창구에서 받음. 인터넷 접수 검정료는 기본 검정료에 1급은 1,500원, 2급~8급은 1,000원의 접수 수수료가 추가됨.

급수 배정

급수			수준 및 특성
8급	읽기 50자,	쓰기 없음	미취학생 또는 초등학생의 학습동기 부여를 위한 급수
7급	읽기 150자,	쓰기 없음	한자 공부를 처음 시작하는 분을 위한 초급단계
6급Ⅱ	읽기 300자,	쓰기 50자	한자 쓰기를 시작하는 첫 급수
6급	읽기 300자,	쓰기 150자	기초 한자 쓰기를 시작하는 급수
5급	읽기 500자,	쓰기 300자	학습용 한자 쓰기를 시작하는 급수
4급Ⅱ	읽기 750자,	쓰기 400자	5급과 4급의 격차를 해소하기 위한 급수
4급	읽기 1,000자,	쓰기 500자	초급에서 중급으로 올라가는 급수
3급Ⅱ	읽기 1,500자,	쓰기 750자	4급과 3급의 격차를 해소하기 위한 급수
3급	읽기 1,817자,	쓰기 1,000자	신문 또는 일반 교양서를 읽을 수 있는 수준
2급	읽기 2,355자,	쓰기 1,817자	일상 한자어를 구사할 수 있는 수준
1급	읽기 3,500자,	쓰기 2,005자	국한 혼용 고전을 불편없이 읽고, 공부할 수 있는 수준

🔸 상위급수 한자는 하위급수 한자를 모두 포함.

합격기준

구 분	1급	2급	3급	3급Ⅱ	4급	4급Ⅱ	5급	6급	6급Ⅱ	7급	8급
출제문항수	200	150	150	150	100	100	100	90	80	70	50
합격문항수	160	105	105	105	70	70	70	63	56	49	35

🔸 1급은 출제 문항의 80% 이상, 2급~8급은 70% 이상 득점하면 합격.

시험시간

구 분	1급	2급	3급	3급Ⅱ	4급	4급Ⅱ	5급	6급	6급Ⅱ	7급	8급
시험시간	90분	60분			50분						

출제기준

쓰기 배정한자는 한두 급수 아래의 읽기 배정한자이거나 그 범위 내에 있습니다. 아래의 출제기준 표는 기본 지침자료로서, 출제자의 의도에 따라 차이가 있을 수 있습니다.

구 분	1급	2급	3급	3급Ⅱ	4급	4급Ⅱ	5급	6급	6급Ⅱ	7급	8급
독음	50	45	45	45	30	35	35	33	32	32	24
훈음	32	27	27	27	22	22	23	22	29	30	24
장단음	10	5	5	5	5	0	0	0	0	0	0
반의어	10	10	10	10	3	3	3	3	2	2	0
완성형	15	10	10	10	5	5	4	3	2	2	0
부수	10	5	5	5	3	3	0	0	0	0	0
동의어	10	5	5	5	3	3	3	2	0	0	0
동음이의어	10	5	5	5	3	3	3	2	0	0	0
뜻풀이	10	5	5	5	3	3	3	2	2	2	0
필순	0	0	0	0	0	0	3	3	3	2	2
약자	3	3	3	3	3	3	0	0	0	0	0
한자쓰기	40	30	30	30	20	20	20	20	10	0	0
출제문항(계)	200	150	150	150	100	100	100	90	80	70	50

문제 유형

독 음
(讀音)
▶ 다음 漢字語의 讀音을 쓰시오.
  • 韓國(   )
  [한자의 소리를 묻는 문제. 독음은 두음법칙, 속음현상, 장단음과도 관련이 있음.]

훈 음
(訓音)
▶ 다음 漢字의 訓과 音을 쓰시오.
  • 韓(   )
  [한자의 뜻과 소리를 동시에 묻는 문제. 특히 대표 훈음을 익히도록 함.]

장단음
(長短音)
▶ 다음 漢字語 중 첫소리가 長音인 것을 골라 그 기호를 쓰시오.
▶ 위 글의 밑줄 친 漢字語 중에서 첫소리가 長音인 것을 골라 그 번호를 쓰시오.
  [한자 단어의 첫소리 발음이 길고 짧음을 구분하고 있는가를 묻는 문제. 4급 이상에서만 출제됨.]

반의어
(反義語)
또는
상대어
(相對語)
▶ 다음 漢字와 뜻이 反對 또는 相對되는 漢字를 써넣어 漢字語를 만드시오.
  • 內(   )
▶ 다음 漢字語의 反義語 또는 相對語를 漢字로 쓰시오.
  • 原因(   )
  [어떤 글자(단어)와 반대 또는 상대되는 글자(단어)를 알고 있는가를 묻는 문제.]

| 완성형
(完成型) | ▶ 다음 빈칸에 漢字를 써넣어 成語를 完成하시오.
• 事必(　)正
[고사성어나 단어의 빈칸을 채우도록 하여 단어와 성어의 이해력 및 조어력을 묻는 문제.] |

| 부　수
(部首) | ▶ 다음 漢字의 部首를 쓰시오.
• 韓(　　)
[한자의 부수를 묻는 문제. 부수는 한자의 뜻을 짐작할 수 있는 중요한 부분임.] |

동의어
(同義語)
또는
유의어
(類義語)
▶ 다음 漢字와 뜻이 비슷한 글자를 漢字로 적어 單語를 完成하시오.
• 音(　　)
▶ 다음 漢字語의 類義語를 漢字로 쓰시오.
• 年歲(　　)
[어떤 글자(단어)와 뜻이 같거나 유사한 글자(단어)를 알고 있는가를 묻는 문제.]

동음이의어
(同音異義語)
▶ 다음 漢字語의 同音異義語를 하나씩만 漢字로 쓰시오.
• 空中 ― (　　)
[소리는 같고, 뜻은 다른 단어를 알고 있는가를 묻는 문제.]

뜻풀이
▶ 다음 漢字語의 뜻을 쓰시오.
• 內外 ― (　　　　　)
[고사성어나 단어의 뜻을 제대로 알고 있는가를 묻는 문제.]

필　순
(筆順)
▶ 父자의 삐침(ノ)은 몇 번째에 쓰는지 번호로 답하시오.
▶ 右자의 쓰는 순서가 올바른 것을 고르시오.
▶ 右자에서 ㉠획의 쓰는 순서를 아래에서 골라 번호를 쓰세요.
• 右㉠
[글자를 바르게 쓰도록 하기 위해 쓰는 순서를 알고 있는가를 묻는 문제. 5급 이하에서만 출제됨.]

약　자
(略字)
▶ 다음 漢字의 略字를 쓰시오.
• 國(　　)
[한자의 획을 줄여서 만든 약자를 알고 있는가를 묻는 문제.]

한자쓰기
▶ 다음 訓과 音을 지닌 漢字를 쓰시오.
• 나라 한(　　)
▶ 다음 뜻에 알맞은 漢字語를 漢字로 쓰시오.
• 가정 : 한 가족이 살림하고 있는 집.(　　　)
▶ 밑줄 친 漢字語를 漢字로 쓰시오.
• 한국은 아름다운 나라이다.(　　　)
[제시된 뜻, 소리, 단어 등에 해당하는 한자를 쓸 수 있는가를 확인하는 문제.]

☞ 위 문제유형은 상황에 따라 약간 변동될 수도 있음.

우대사항

- 자격기본법 제27조에 의거 **국가자격 취득자와 동등한 대우 및 혜택**
- 교육인적자원부 훈령 제616호『학생생활기록부 전산처리 및 관리지침』에 의거 **학교생활기록부에 등재, 입시에 활용**
- 육군간부 **승진 고과에 반영**(부사관 5급, 위관장교 4급, 영관장교 3급 이상)
- 경제5단체, **신입사원 채용 때 전국한자능력검정시험 응시 권고(3급 응시 요건, 3급 이상 가산점)**
- 2005학년도 대학수학능력시험부터 '漢文'이 선택과목으로 채택
- 전국한자능력검정시험의 한자능력급수 취득 시 **대입 면접 가산점, 학점, 졸업인증에 반영**

합격자 발표

ARS 060-800-1100 / www.hangum.re.kr

기타 문의

한국한자능력검정회
☎ 02)1566-1400(代), 팩스 02)6003-1414
인터넷 http://www.hanja.re.kr
주소 : (137-879) 서울특별시 서초구 서초1동 1627-1 교대벤처타워 401호

이솝이야기로
풀어본
어린이 한자 공부

이야기 하나

사자와 생쥐

　사자 한[一] 마리가 낮잠을 자고 있었다. 그때 생쥐 한 마리가 겁 없이 장난을 치다가 그만 사자의 코털을 건드려 잠을 깨웠다.
　화가 난 사자는 으르렁거리며 생쥐를 죽이려 했다.
　"사자 대왕님, 살려만 주세요. 그러시면 그 은혜 잊지 않고 일 년(一年) 안에 꼭 갚겠습니다. 사자 대왕님, 제발……."

사자는 애원하는 생쥐를 불쌍하게 여겨 살려주었다.

그런 일이 있고 난 후의 일월(一月) 어느 날이었다. 사자는 그만 사냥꾼이 쳐놓은 그물에 걸리고 말았다. 사자는 죄어드는 그물에 몸부림쳤다.

"내 일생(一生)도 오늘로 끝났구나!"

바로 그때 사자의 목숨을 살려준 생쥐가 슬그머니 다가왔다. 그러고는 그물의 밧줄을 이빨로 갉아서 사자를 구해 주었다.

한자야 놀자!

한 일
一
부수 : 한 일(一)
총획 : 1획

이렇게 쓰여요!

一年 일년 한 해.
一月 일월 한 해의 12개월 중 첫번째 달.
一生 일생 살아 있는 동안.

두 친구와 곰

이월(二月) 이일(二日), 산속에서 친구 두 사람[二人]이 커다란 곰 한 마리를 만났다. 한 친구는 날쌔게 나무 위로 도망갔으나, 다른 한 친구는 미처 도망가지 못했다. 도망가지 못한 친구는 땅에 엎드려 죽은 척하였다.

곰이 죽은 척하고 있는 친구에게 다가와 주둥이를 갖다대고는 킁킁거렸다. 그러더니 그냥 물러갔다.

나무 위에서 이 모습을 지켜본 친구는 곰이 물러간 뒤 내려와서는 도망가지 못한 친구에게 곰이 무슨 말을 하더냐고 물었다. 벌떡 일어나 옷깃을 툭툭 털면서 그 친구는 대답하였다.

"앞으로는 친구를 버리고 도망가는 두 마음[二心]을 가진 친구와는 같이 다니지 말라더군."

■ 한자야 놀자!

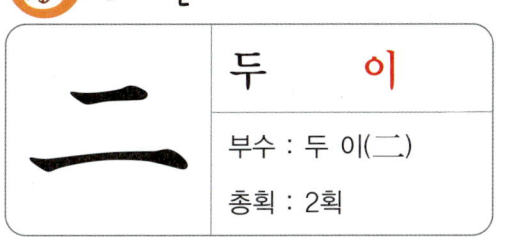

이렇게 쓰여요!

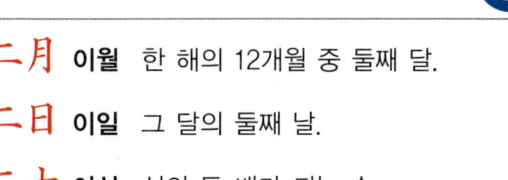

二月 **이월** 한 해의 12개월 중 둘째 달.
二日 **이일** 그 달의 둘째 날.
二十 **이십** 십의 두 배가 되는 수.

■ 참고하세요! 二心(이심) : 두 가지 마음. 배반하는 마음.

한자능력검정시험 8급 대비

이야기
셋

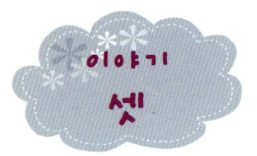

사자와 삼 등분

삼월(三月) 어느 날, 그 이름만 들어도 삼척동자(三尺童子)까지 우는 무서운 사자가 다른 동물 세[三] 마리와 함께 사냥을 했다. 사냥한 수확물을 나누면서 사자가 말했다.

"첫째 몫은 짐승의 왕인 내 것이고, 둘째 몫은 내가 사냥에 참가한 몫이다. 그리고 셋째[三] 몫은 나와 싸워서 이기는 자의 몫이다."

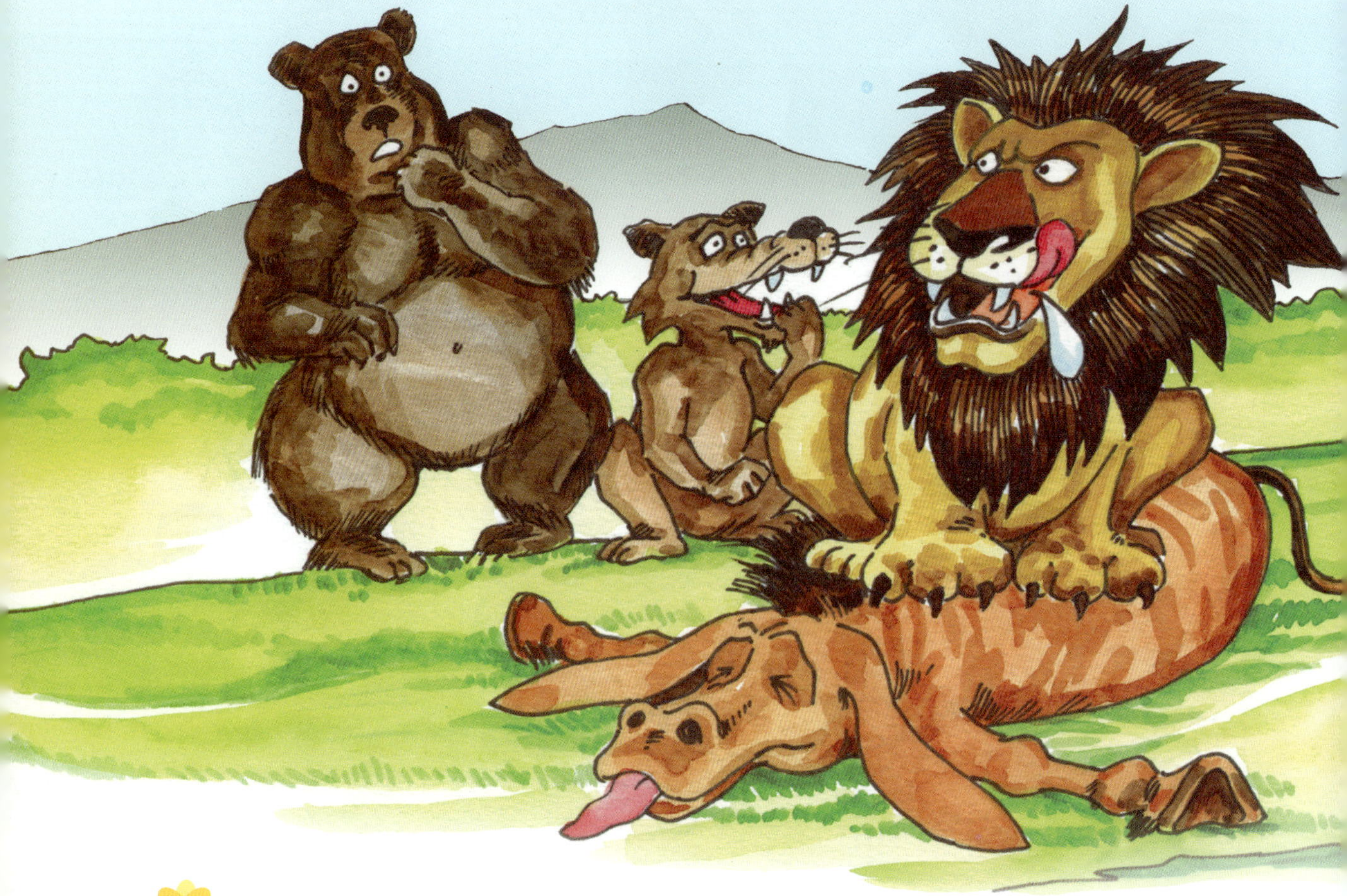

먹이를 삼(三) 등분한 뒤 사자는 험상궂은 얼굴로 다른 동물들을 둘러보았다.

"감히 누가 나에게 도전하겠는가?"

세 마리 다른 동물들은 아무 말도 하지 못했다. 사자가 껄껄 웃으며 말했다.

"너희는 삼십육계(三十六計) 도망가는 게 일생에 도움이지 않겠냐?"

三 석 삼

부수 : 한 일(一)
총획 : 3획

三月 삼월 한 해의 12개월 중 셋째 달.
三寸 삼촌 아버지의 형제.
三韓 삼한 삼국 시대 이전에, 우리나라 중남부에 있었던 세 나라. 마한·진한·변한을 이름.

■ 참고하세요!
三尺童子(삼척동자) : 키가 석 자밖에 되지 않는 아이라는 뜻으로, '철부지 어린아이'를 이르는 말.
三十六計(삼십육계) : 형편이 불리할 때, '달아나는 일'을 속되게 이르는 말.

이야기 넷

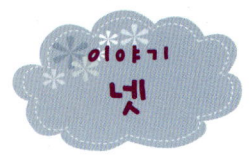

양치기 소년

사월(四月) 일일은 만우절이다. 서양에서는 이 날 거짓말을 해도 괜찮다 하여 가볍게 서로 속이고 속으며 즐거워한다. 그러나 다음과 같은 거짓말은 안 된다.

옛날에 장난을 좋아하는 양치기 소년이 있었다. 소년은 심심하면 장난삼아 마을을 향해 소리치곤 했다.

"늑대가 나타났어요! 도와줘요!"

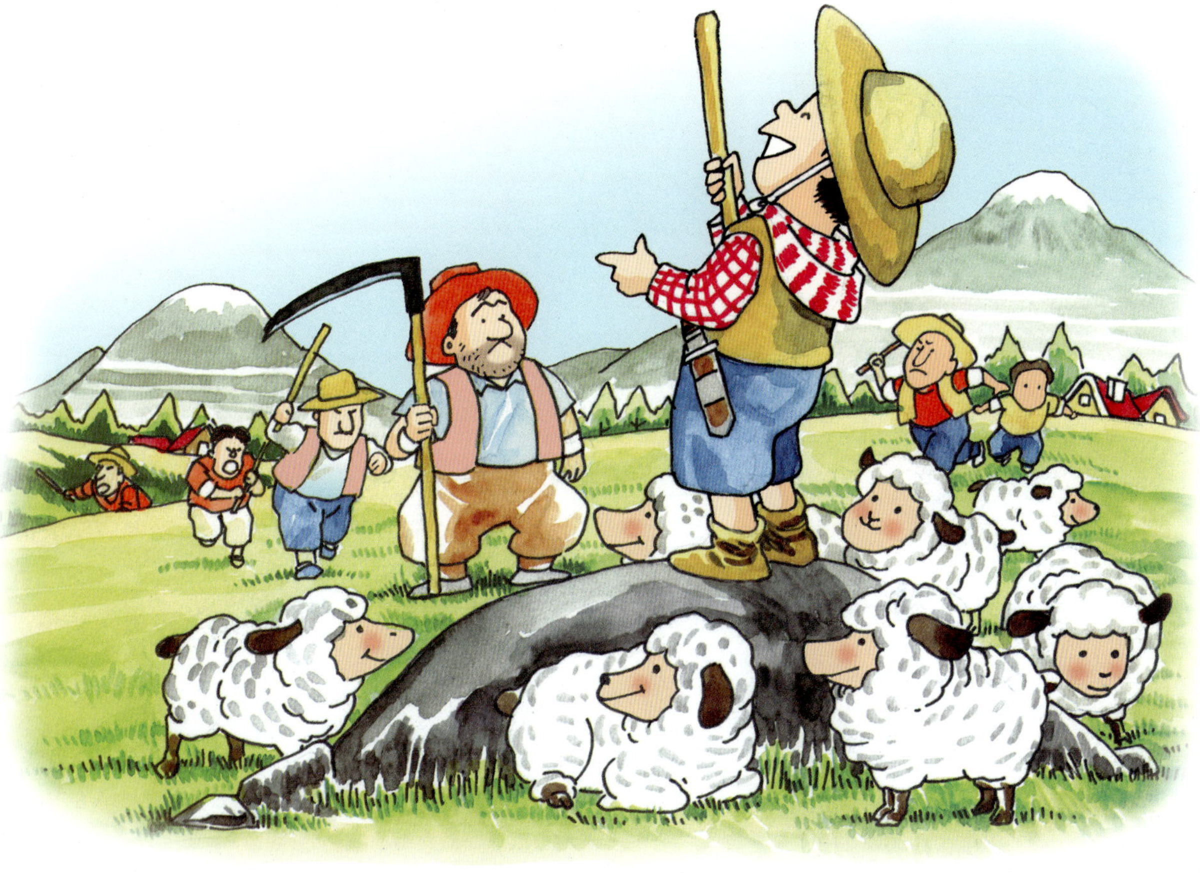

구원을 청하는 소년의 외침에 일하다 말고 사방(四方)에서 마을 사람들이 달려나왔다.

　그럴 때마다 소년은 무척 재미있었다.

　그러던 어느 날, 진짜 늑대 떼가 나타났다. 겁에 질린 양치기 소년은 도와 달라고 소리쳤다. 그러나 마을 사람들은 세 번 속지 네[四]번은 속지 않는다고 아무도 달려와 주지 않았다. 그 바람에 소년이 지키던 양떼는 모두 늑대 밥이 되고 말았다.

넉　　사

四

부수 : 큰입구(口)
총획 : 5획

四月 **사월** 한 해의 12개월 중 넷째 달.
四寸 **사촌** 아버지의 친형제의 아들딸.
四十 **사십** 십의 네 배가 되는 수. 마흔.

■ 참고하세요! 四方(사방) : 동·서·남·북의 네 방향.

이야기
다섯

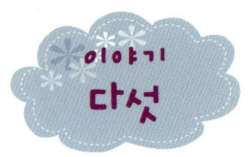

개구리와 어린이

오월(五月) 오일(五日) 어린이날에 장난꾸러기 아이들 다섯[五] 명이 연못가에서 장난삼아 돌을 던지며 놀았다. 그 돌에 개구리 네다섯 마리가 맞아 죽었다.

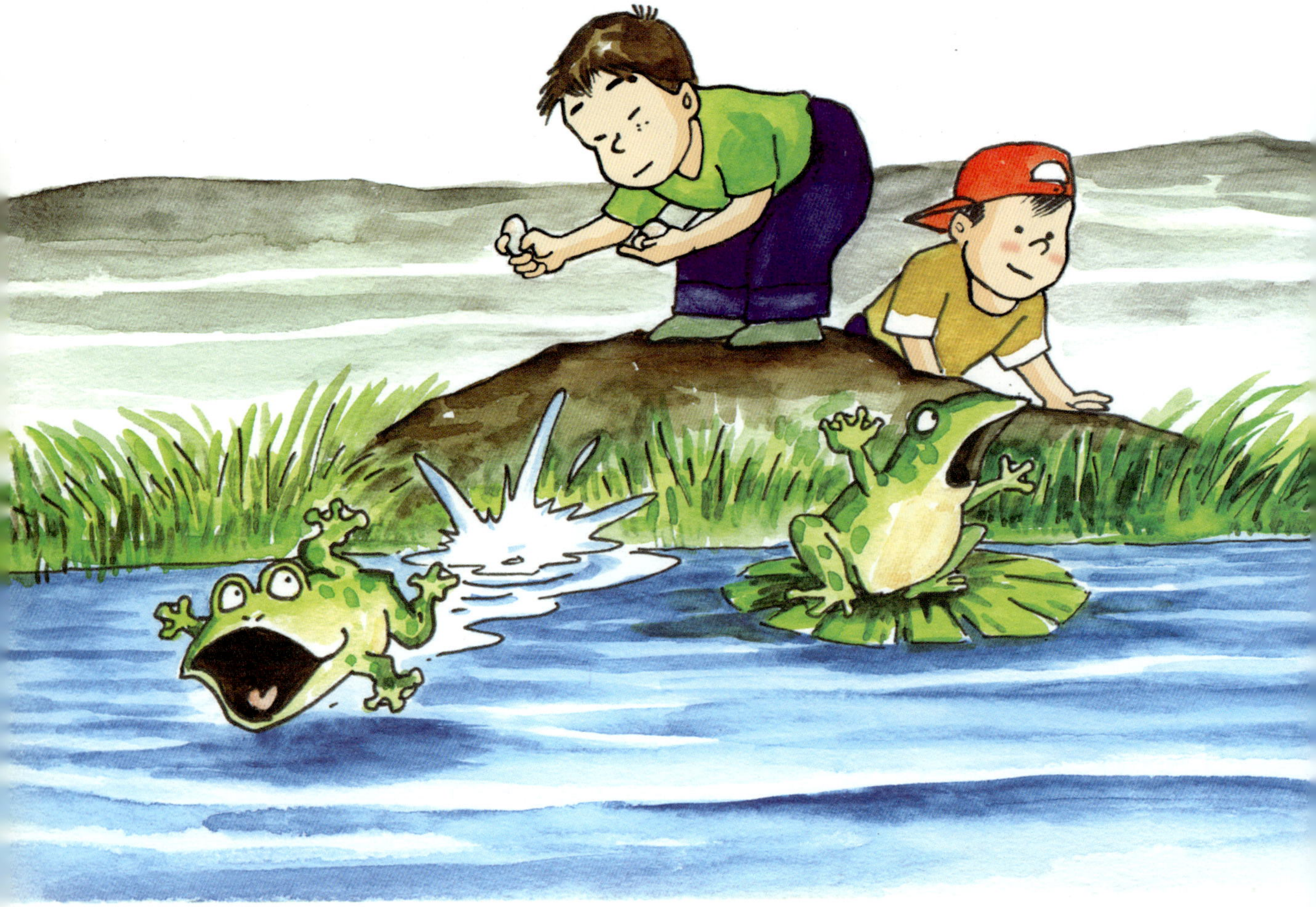

그때 개구리 한 마리가 물 밖으로 머리를 내밀고는 울면서 말했다.

"어린이 여러분, 그만하세요. 여러분은 장난삼아 돌을 던지지만 그 돌을 맞는 우리는 오(五)장 육부가 망가져 목숨을 잃는답니다. 사람들에게는 지켜야 할 다섯 가지 인륜인 오륜(五倫)이 있잖아요. 우리 개구리들에게도 그런 따뜻한 마음 바른 마음, 부탁해요."

五 | 다섯 오
부수 : 두 이(二)
총획 : 4획

五月 오월 한 해의 12개월 중 다섯째 달.
五日 오일 그 달의 다섯째 날.
五寸 오촌 아버지의 사촌이나 아들의 사촌과의 촌수.

■참고하세요! 五倫(오륜) : 부모와 자식 간의 사랑, 임금과 신하 간의 의리, 부부 사이의 분별(각자의 본분을 잘 지킴), 어른과 어린이 사이의 차례, 친구 간의 신의 등 다섯 가지 인륜.

이야기
여섯

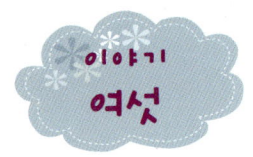

토끼와 거북이

초여름인 유월(六月) 어느 날, 놀이터에서 거북이를 만난 토끼가 느림보라고 마구 놀려댔다. 화가 난 거북이는 달리기를 하자고, 그러면 육친(六親)의 명예를 걸고 반드시 이기겠노라고 토끼에게 도전장을 던졌다.

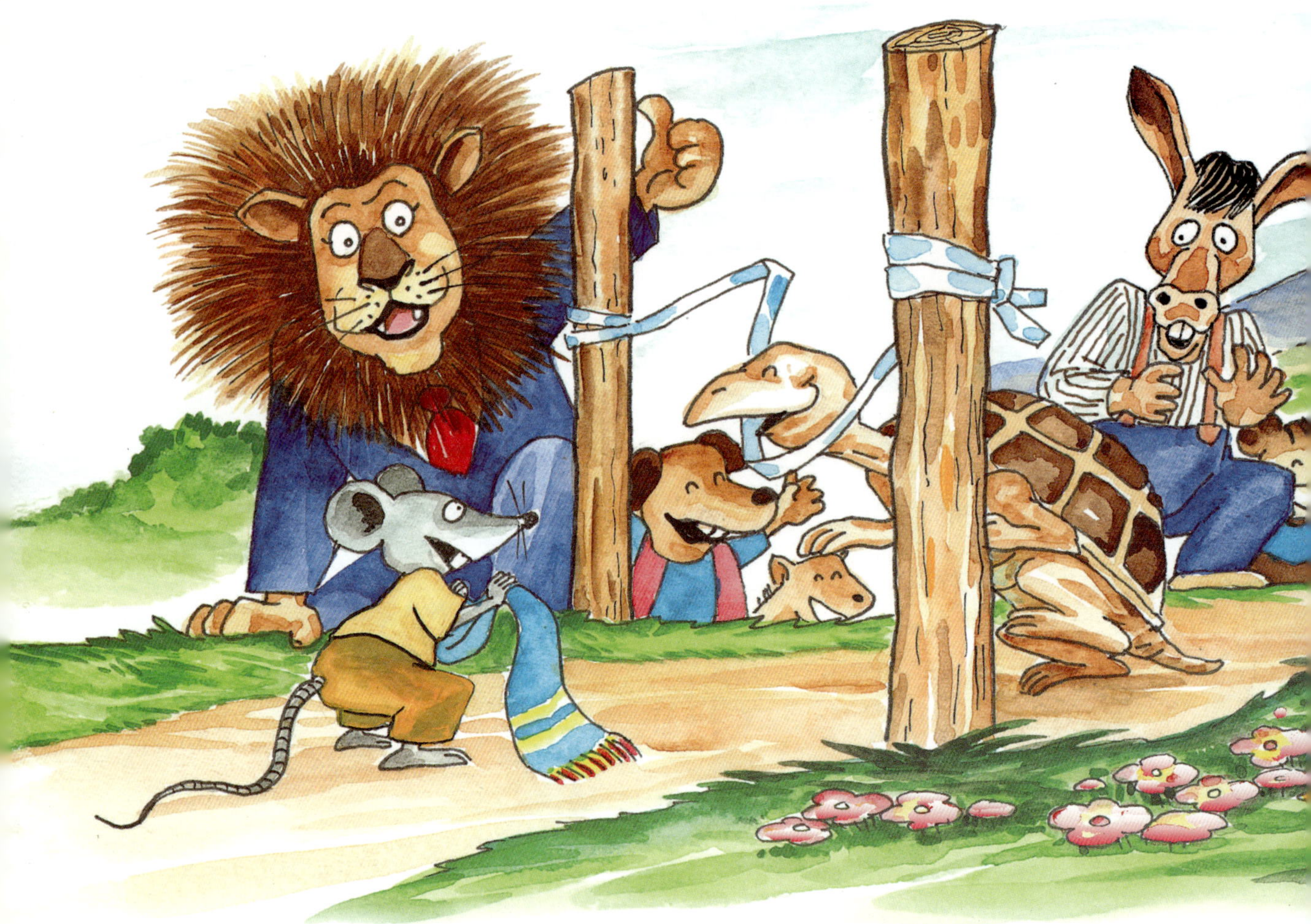

잠시 후 다른 동물들이 지켜보는 가운데 달리기가 시작되었다. 모든 동물들이 생각했던 대로 거북이는 토끼의 상대가 되지 못했다. 잠깐 사이에 육십(六十) 미터 정도 앞서버린 토끼는 걸음을 멈추고 뒤를 돌아보았다. 그때까지도 거북이는 출발점 부근에서 엉금엉금 기고 있었다. 그 모습에 토끼는 시원한 나무 그늘에 주저앉아 쉬기로 하는데, 그만 깜박 잠이 들고 말았다.

얼마 후, 토끼가 잠에서 깼을 때 거북이는 거의 결승점에 이르러 있었다. 놀란 토끼는 온힘을 다해 달렸다. 그러나 이미 때는 늦었다.

한자야 놀자!

이렇게 쓰여요!

六 여섯 륙

부수 : 여덟 팔(八)
총획 : 4획

六月 유월/육월(✕) 한 해의 12개월 중 여섯째 달.
六十 육십 십의 여섯 배가 되는 수.
五六月 오뉴월/오륙월(✕) '오월'과 '유월'을 아울러 이르는 말.

■ 참고하세요! 六親(육친) : 부모, 형제, 처자를 통틀어 이르는 말.

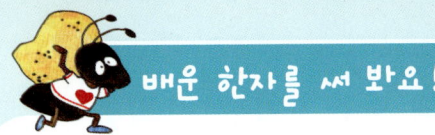

 한 일

부수 : 한 일(一)

총획 : 1획

선 하나, 또는 손가락 하나를 펴서 '하나'를 나타낸 자.

 쓰는 순서 一

 두 이

부수 : 두 이(二)

총획 : 2획

두 손가락, 또는 두 선을 그어 '둘'을 나타낸 글자.

 쓰는 순서 一 二

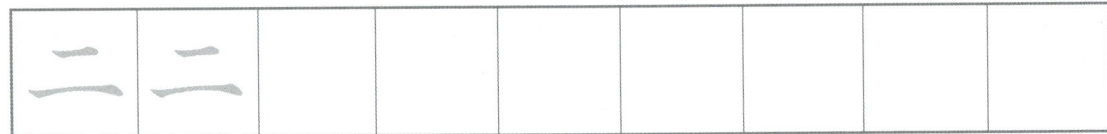

 석 삼

부수 : 한 일(一)

총획 : 3획

가로 그은 세 획으로써 '셋'이라는 뜻을 나타냄.

 쓰는 순서 一 二 三

넉 사

부수 : 큰입구(口)

총획 : 5획

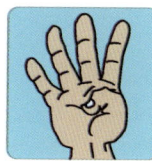

二와 二의 합침, 또는 네 손가락을 편 모양에서 '넷'을 나타냄.

쓰는 순서 ㅣ 冂 冂 四 四

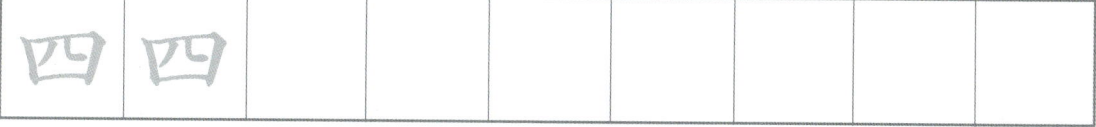

다섯 오

부수 : 두 이(二)

총획 : 4획

둘[二]에 셋[三]을 어울려 '다섯'을 나타낸 글자.

쓰는 순서 一 丅 五 五

여섯 륙

부수 : 여덟 팔(八)

총획 : 4획

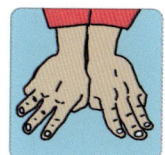

두 손의 손가락을 세 개씩 펴 서로 맞댄 모양에서 '여섯'을 가리킴.

쓰는 순서 ㅣ 亠 六 六

이야기
일곱

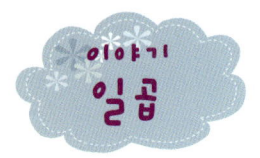

여우의 나눗셈

칠월(七月) 칠석(七夕) 날 밤, 사자와 나귀, 여우, 이렇게 세 마리 동물이 합동으로 사냥을 했다. 사냥이 끝났을 때 사자는 잡은 먹이를 가져오게 하여 나귀에게 공평하게 나누도록 했다. 나귀는 조심스럽게 삼 등분하여 공평하게 나누었다.

공평하게 똑같이 나누어진 자기 몫에 화가 난 사자가 나귀를 잡아먹어 버렸다. 그리고 여우에게 다시 나누도록 명령하였다.

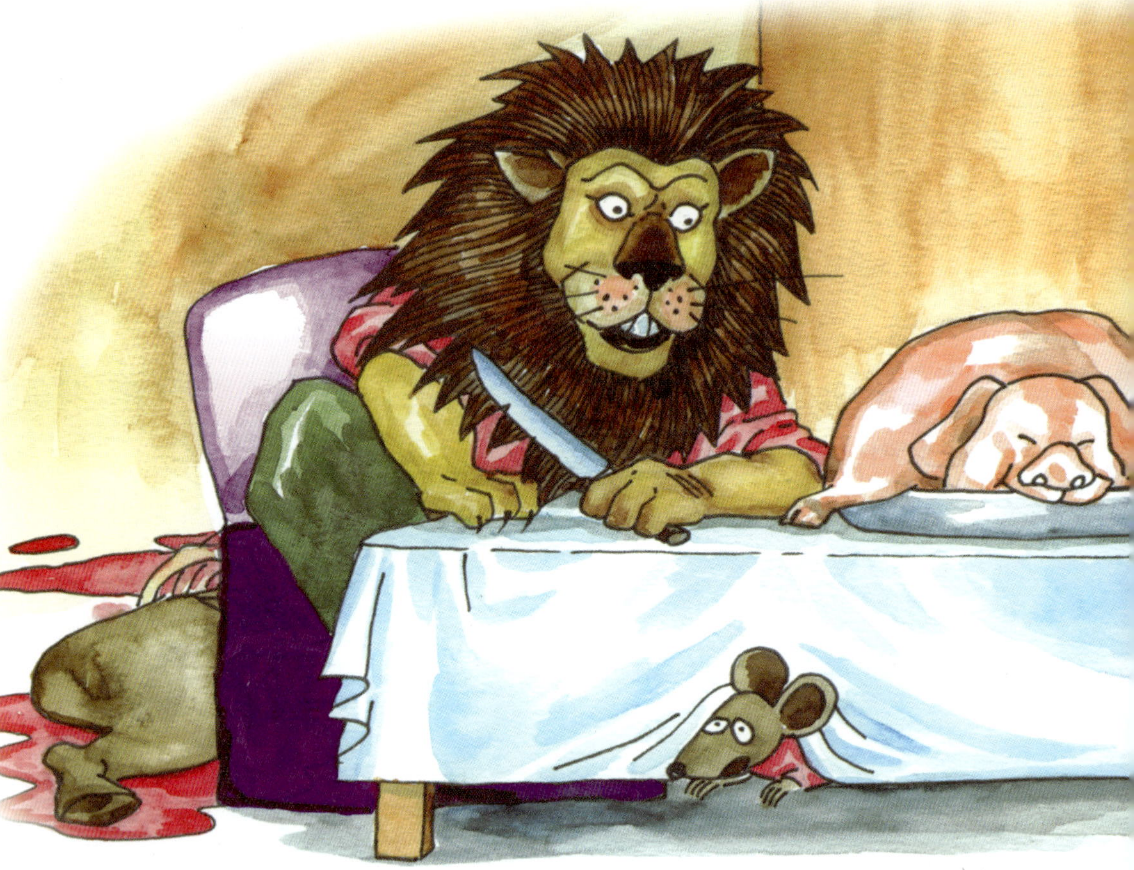

약삭빠른 여우는 사자 몫으로 칠(七), 자기 몫은 일로 하여 나누었다. 그 모습을 지켜보던 사자가 흡족한 얼굴로 물었다.

"네게 누가 그렇게 나누는 법을 가르쳐 주었느냐?"

"예, 나귀지요."

七	일곱　　칠	七月 칠월 한 해의 12개월 중 일곱째 달.
	부수 : 한 일(一) 총획 : 2획	七日 칠일 그 달의 일곱째 날. 이레. 이렛날.

■ 참고하세요! 七夕(칠석) : 음력 7월 7일 밤. 이 날 밤에 견우성과 직녀성이 1년 만에 오작교에서 만난다는 전설이 있음.

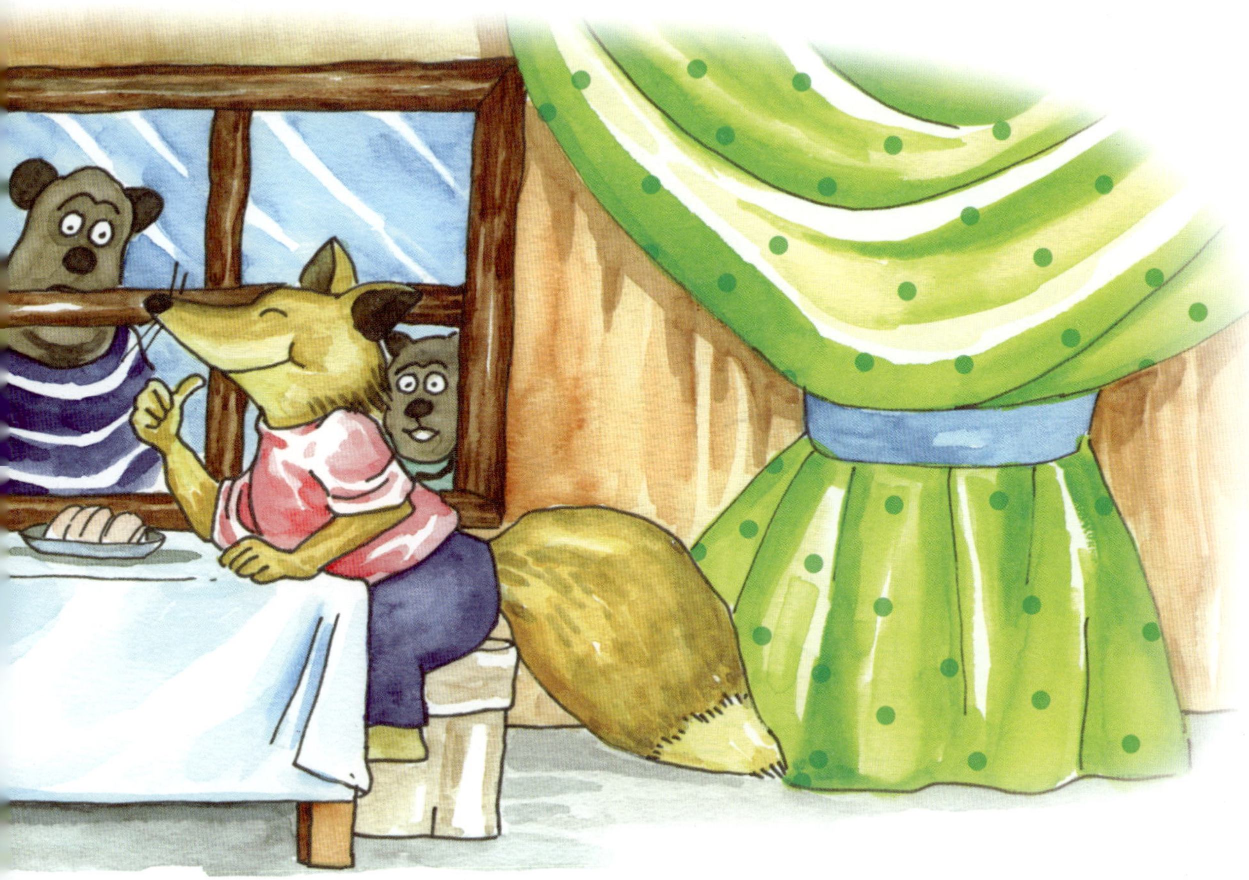

여우와 포도

팔월(八月) 어느 날, 여드레[八日] 동안이나 아무것도 먹지 못한 여우 한 마리가 포도 덩굴 밑을 지나게 되었다. 그 덩굴에는 잘 익은 포도송이가 탐스럽게 매달려 있었다. 여우는 군침을 흘리며 손을 뻗혔으나, 포도송이는 너무 높직하게 달려 있었다. 폴짝폴짝 뛰면서 포도나무 주위를 팔방(八方)으로 돌았으나 손이 닿지 않았다.

포도를 따먹을 수 없자 여우는 입안에 가득한 군침을 꿀꺽 삼키며 투덜거렸다.

"내가 저 포도를 따먹을 수 없다면 어떤 재주를 지닌 팔방미인(八方美人)이라도 저 포도는 따먹을 수 없어! 그래, 난 저렇게 신 포도는 먹지 않아!"

여우는 거만하게 턱을 치켜든 채 팔(八)자 걸음으로 유유하게 사라졌다.

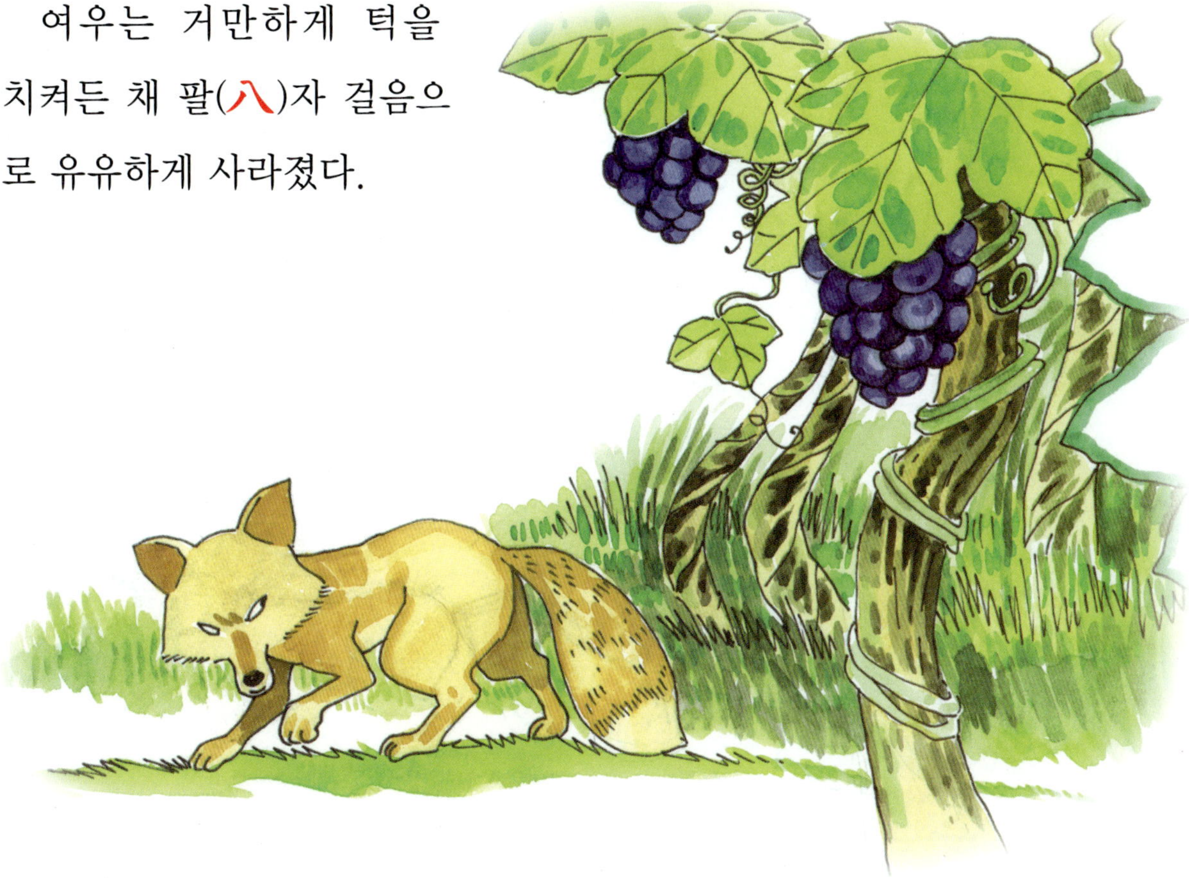

八	여덟 팔
	부수 : 여덟 팔(八)
	총획 : 2획

八月 **팔월** 한 해의 12개월 중 여덟째 달.

八十 **팔십** 십의 여덟 배가 되는 수. 여든.

八九月 **팔구월** 팔월과 구월. 또는 팔월이나 구월.

■ 참고하세요!

八方(팔방) : 이곳저곳, 모든 방면.

八方美人(팔방미인) : 어느 모로 보나 아름다운 사람. 또는 여러 방면에 능통한 사람을 비유적으로 이르는 말.

꼬리 잘린 여우

 구월(九月) 어느 날, 꼬리 아홉[九] 달린 여우 구미호(九尾狐)가 잠깐 실수로 덫에 걸렸다. 덫을 벗어나지 못해 꼬리를 자르고서야 구사일생(九死一生)으로 목숨을 건진 여우는 잘린 제 꼬리가 창피했다. 그래서 친구들을 꾀기 위해 말했다.
 "꼬리가 없으니까 가뿐한 게 날기라도 할 것 같아. 구만리(九萬里)를 달려도 지치질 않는다니까. 너희들도 거추장스런 그 꼬리, 잘라 버려."

꼬리 잘린 여우의 은근한 꼬드김에 친구들이 비웃으며 말했다.
"그렇게 좋다면 너 혼자 즐길 일이지, 우리에게 권하는 것은 너답지 않구나."

 한자야 놀자!   이렇게 쓰여요!

九	아홉 구
	부수 : 새 을(乙)
	총획 : 2획

九月 **구월** 한 해의 12개월 중 아홉째 달.
九日 **구일** 그 달의 아홉째 날. 초아흐렛날.

■ 참고하세요!
九尾狐(구미호) : 아홉 개의 꼬리가 달린 여우. 간교한 사람을 일컫는 말.
九死一生(구사일생) : 여러 차례 죽을 고비를 겪고 겨우 살아남.
九萬里(구만리) : '아득히 먼 거리'를 비유하여 이르는 말.

나귀와 강아지

 네거리[십자로 ; 十字路] 부근에 한 할아버지가 살고 있었다. 할아버지가 외출했다가 돌아오면 강아지는 달려가 꼬리를 흔들며 반겼다. 그러면 할아버지는 맛있는 먹이를 주었고, 강아지는 신이 나서 주인의 주위를 맴돌며 더욱 재롱을 피웠다.
 귀염받는 강아지가 부러운 나머지 나귀는 좋은 꾀를 생각해냈다.
 '강아지처럼 하는 거야. 그럼 나도 십중팔구(十中八九) 주인님께 귀여움을 받을 수 있어.'

시월(十月) 어느 날, 나귀는 외출에서 돌아온 주인의 주위를 맴돌며 재롱을 피우기 시작했다. 그러다가 그만 실수로 주인을 걷어차고 말았다. 화가 난 주인은 나귀를 귀여워하기는커녕 두들겨 팬 후 마구간에 가두어 버렸다.

 한자야 놀자!

十	열 십
	부수 : 열 십(十)
	총획 : 2획

 이렇게 쓰여요!

十月 **시월/십월(×)** 한 해 열두 달 가운데 열 번째 달.

十日 **십일** 그 달의 열째 날. 열흘.

■ 참고하세요!
十字路(십자로) : 네거리.
十中八九(십중팔구) : 열 가운데 여덟이나 아홉이 그러하다는 뜻으로, 거의 예외 없이 그러할 것이라는 추측을 나타내는 말.

개구리와 약 광고

절름발이 약장수 개구리가 연못가에서 약을 팔기 위해 광고를 하고 있다.

"이 약으로 말하면 오랜 세월에 걸쳐 이름난 만병(萬病) 통치약으로, 여러분의 모든 병을 깨끗하게 고쳐드립니다. 가격도 비싸지 않습니다. 단돈 일만(一萬) 원입니다."

그 말이 끝나기가 바쁘게 여우가 말했다.

"만부당(萬不當)한 말씀. 그렇게 고치지 못할 게 없는 약이라면 어찌 네 절름발이는 못 고치지? 엉터리 약장수!"

여우의 말에 개구리 약장수는 얼굴이 붉어졌다. 그러더니 절뚝거리며 연못으로 뛰어들어가 물풀 아래로 숨어 버렸다.

 한자야 놀자!

萬	일만 만
	부수 : 풀 초(艹·〈艸〉)
	총획 : 13획

 이렇게 쓰여요!

萬一 만일 있을지도 모르는 뜻밖의 경우.
萬國 만국 세계의 모든 나라.
萬民 만민 모든 백성. 또는 모든 사람.

■ 참고하세요!
萬病(만병) : 온갖 병.
萬不當(만부당) : 천부당만부당의 준말. '천 번 만 번 부당하다'는 뜻으로, '아주 부당함'을 이르는 말.

노인과 죽음의 신

나이가 많은 한 노인이 무거운 짐을 진 채 길을 가고 있었다. 길을 가면서 노인은 계속 투덜거렸다.

"노년(老年)에 이 무슨 고생이람. 연금(年金)도 없는 처지에 청년(青年)들에게 멸시를 받고 살아야 하다니……. 그럴 바에는 차라리 죽음의 신이 나를 데려가는 게 좋겠다."

그 말이 끝나기 무섭게 홀연히 죽음의 신이 나타나 말했다.

"나를 찾았느냐?"

노인이 당황하여 넙죽 엎드리면서 대답하였다.

"죽음의 신이시여, 안녕하십니까? 저어, 다름 아니라 제 짐이 너무 무거워 조금 거들어주셨으면 해서요……."

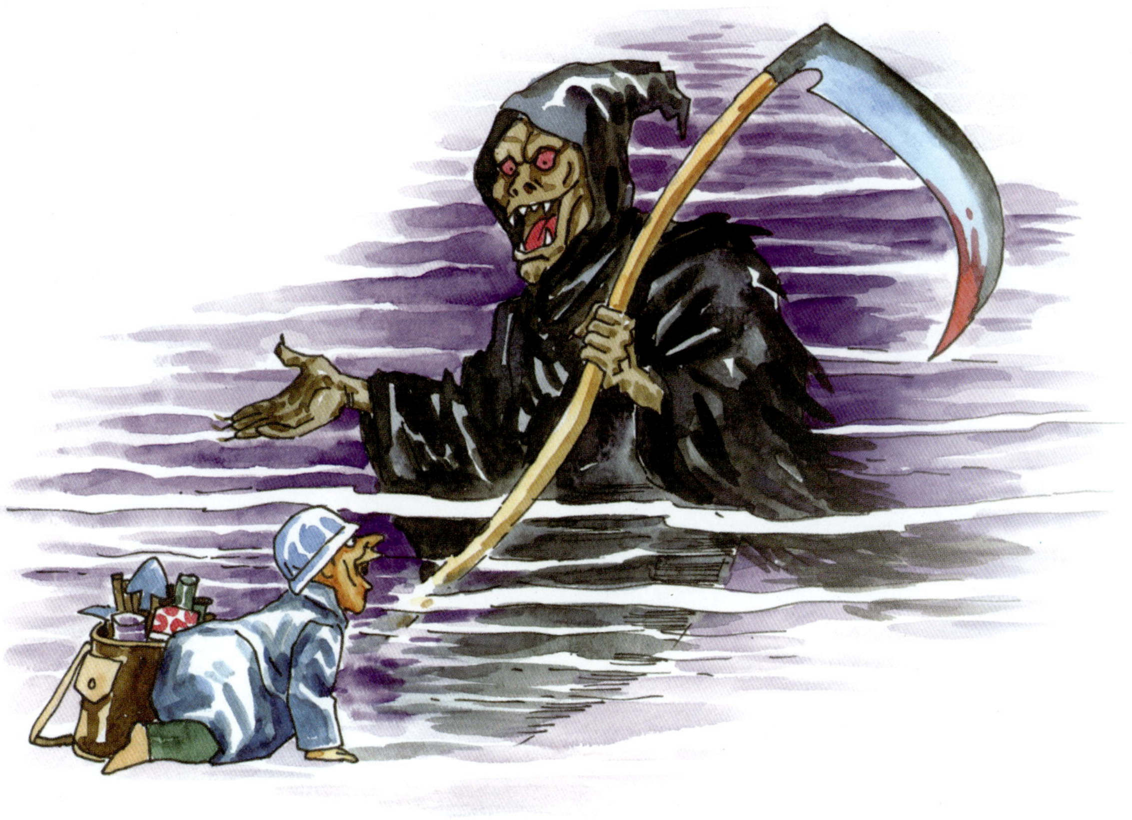

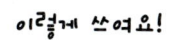

年	해　　　　년
	부수 : 방패 간(干)
	총획 : 6획

年金 연금　국가나 사회에 특별한 공로가 있는 사람에게 해마다 주는 돈.
青年 청년　나이가 젊은 사람.
年月日 연월일　해와 달과 날을 아울러 이르는 말.

 老年(노년) : 늙은 나이.

배운 한자를 써 봐요!

七	일곱 **칠**
	부수 : 한 일(一)
	총획 : 2획

다섯 손가락을 위로 펴고 나머지 손의 두 손가락을 옆으로 편 모양에서 '일곱'을 나타낸 글자.

🐌 쓰는 순서 　一 七

七	七							

八	여덟 **팔**
	부수 : 여덟 팔(八)
	총획 : 2획

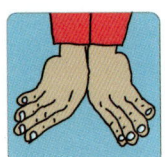

두 손의 네 손가락을 펴서 서로 등지게 한 모양에서 '여덟'을 가리킨 글자.

🐌 쓰는 순서 　丿 八

八	八							

九	아홉 **구**
	부수 : 새 을(乙)
	총획 : 2획

열[十]에서 가로획을 구부려 하나[一] 적은 아홉.

🐌 쓰는 순서 　丿 九

九	九							

| 十 | 열　　**십**
부수 : 열 십(十)
총획 : 2획 |  | 다섯 손가락씩 있는 두 손을 엇걸어 '열'을 가리킨 글자. |

쓰는 순서　一 十

十	十								

| 萬 | 일만　　**만**
부수 : 풀 초(艹〈艸〉)
총획 : 13획 | 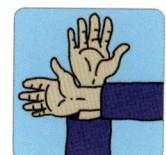 | 전갈의 모양을 본뜬 글자로, 전갈이 알을 매우 많이 낳는다는 데서 '일만, 많다'의 뜻이 됨. |

쓰는 순서　一 十 卄 艹 艹 苩 苩 苩 莒 萬 萬 萬

萬	萬								

| 年 | 해　　**년**
부수 : 방패 간(干)
총획 : 6획 |  | 많은[千 일천 천] 곡식[禾 벼 화]들이 자라 익는 기간을 가리켜 한 '해'의 뜻이 됨. |

쓰는 순서　丿 𠂉 𠂊 乍 年

年	年								

달과 천문학자

 달[月]과 별에 대하여 연구하는 천문학자가 있었다. 월말(月末)인데다 월요일(月曜日)인 어느 날 밤, 천문학자는 높지막하게 떠 있는 달을 관찰하면서 숲 속을 거닐고 있었다.
 밝게 빛나는 달만 바라보다가 아차 하는 순간, 천문학자는 발을 헛디뎠다. 그래서 물구덩이에 빠지고 말았다.

그때 마침 월급(月給)도 탔겠다, 유쾌한 기분으로 숲길을 지나던 행인 한 사람이 외침소리를 듣고 달려왔다.

"천문학자님께선 하늘에 떠 있는 달은 잘 보시면서 바로 발 앞에 있는 물구덩이는 못 보셨군요."

한자야 놀자!

月 달 월

부수 : 달 월(月)
총획 : 4획

이렇게 쓰여요!

八月 팔월 한 해의 12개월 중 여덟째 달.
一月 일월 한 해의 12개월 중 첫째 달. 정월.

■ 참고하세요! 月末(월말) : 그달의 끝 무렵.   月給(월급) : 일을 한 대가로 달마다 받는 삯.

이야기 열넷

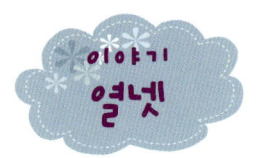

분수를 모르는 촛불

화요일(火曜日) 밤은 유난히 캄캄했다. 어둠을 밝히던 촛불은 많은 사람들 앞에서 우쭐거리며 말했다.

"나는 달이나 태양 그리고 모든 별을 합친 것보다 더 밝고 뜨겁다. 무서운 화력(火力)으로 화산(火山)처럼 불[火]을 뿜어내기도 해."

촛불은 사람들을 둘러보며 거만스럽게 자신의 화력을 자랑하였다.

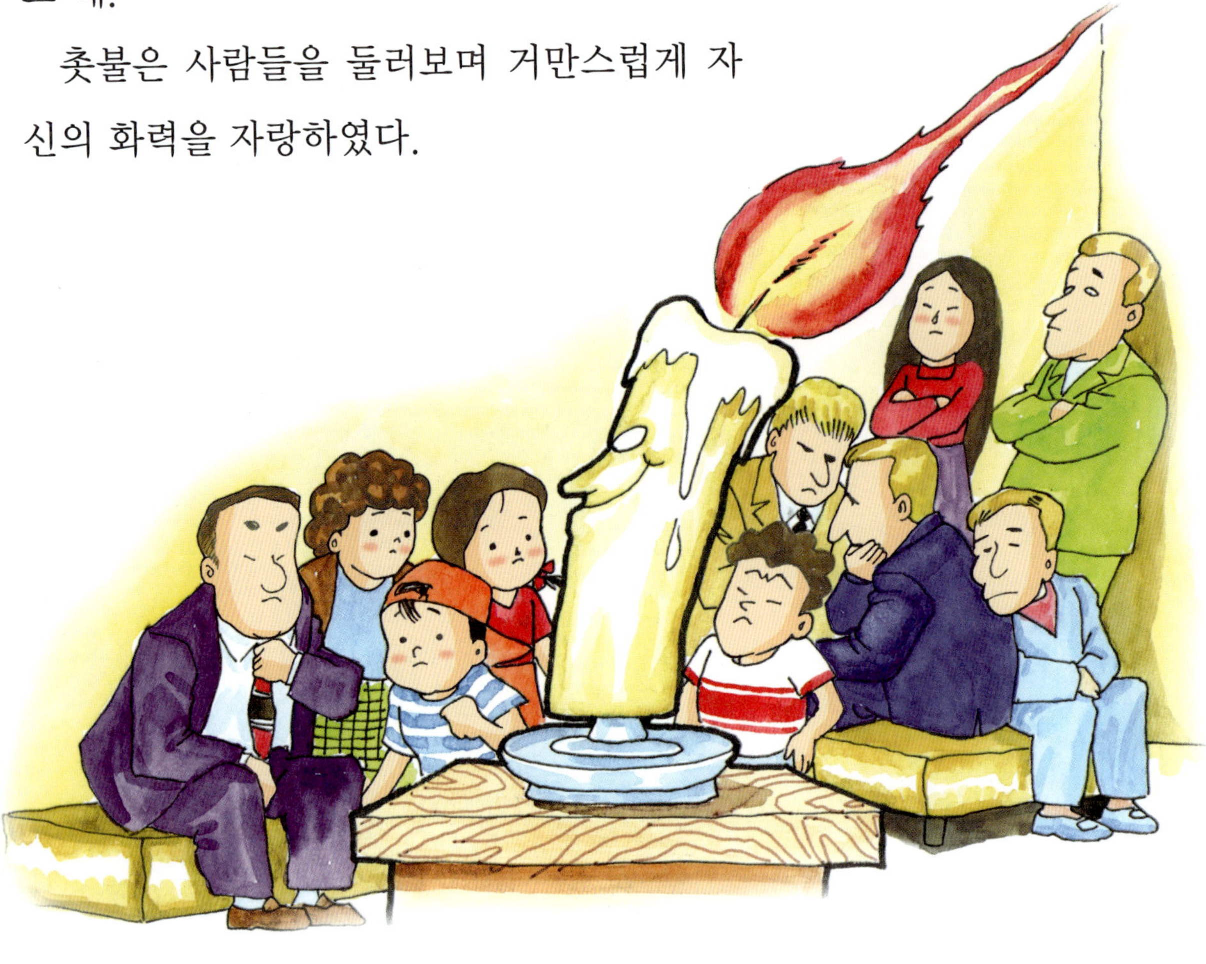

"중죄인을 화형(火刑)에 처하기도 하고, 불장난으로 화재(火災)를 일으키는 사람들에게는 화상(火傷)을 입히기도 하지."

그때 한 줄기 바람이 불어와 촛불을 꺼버렸다. 촛불은 얼굴을 붉혔고, 주위는 캄캄해졌다.

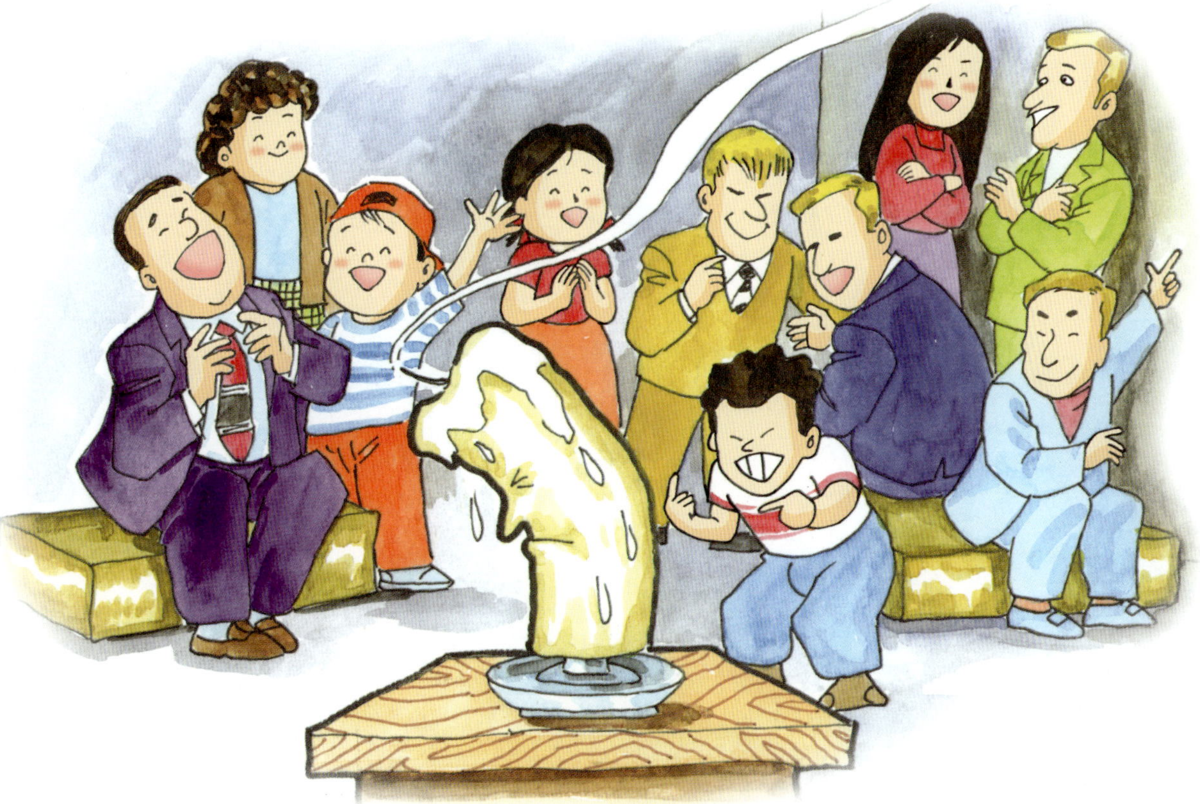

火	불 화
	부수 : 불 화(火)
	총획 : 4획

火山 **화산** 용암이 밖으로 터져 나와 쌓여서 이루어진 산.
大火 **대화** 큰불. 큰 화재.
水火 **수화** 물과 불.

 火刑(화형) : 지난날, 사람을 불태워 죽이던 형벌.

이야기 열다섯

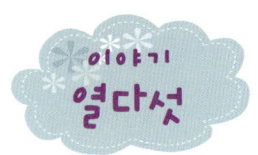

여우와 염소

수요일(水曜日), 염소는 물[水]을 마시려고 우물로 갔다. 그때 우물에는 물 마시려다 빠진 여우가 애를 태우고 있었다.

염소가 여우에게 물 맛이 좋으냐고 물었다. 여우는 얼른 꾀를 내었다.

"그래, 우물 안에서 마시는 생수(生水) 맛이 더 좋아!"

여우의 꾐에 빠져 우물 안으로 내려온 염소는 물을 실컷 마신 후 말했다.

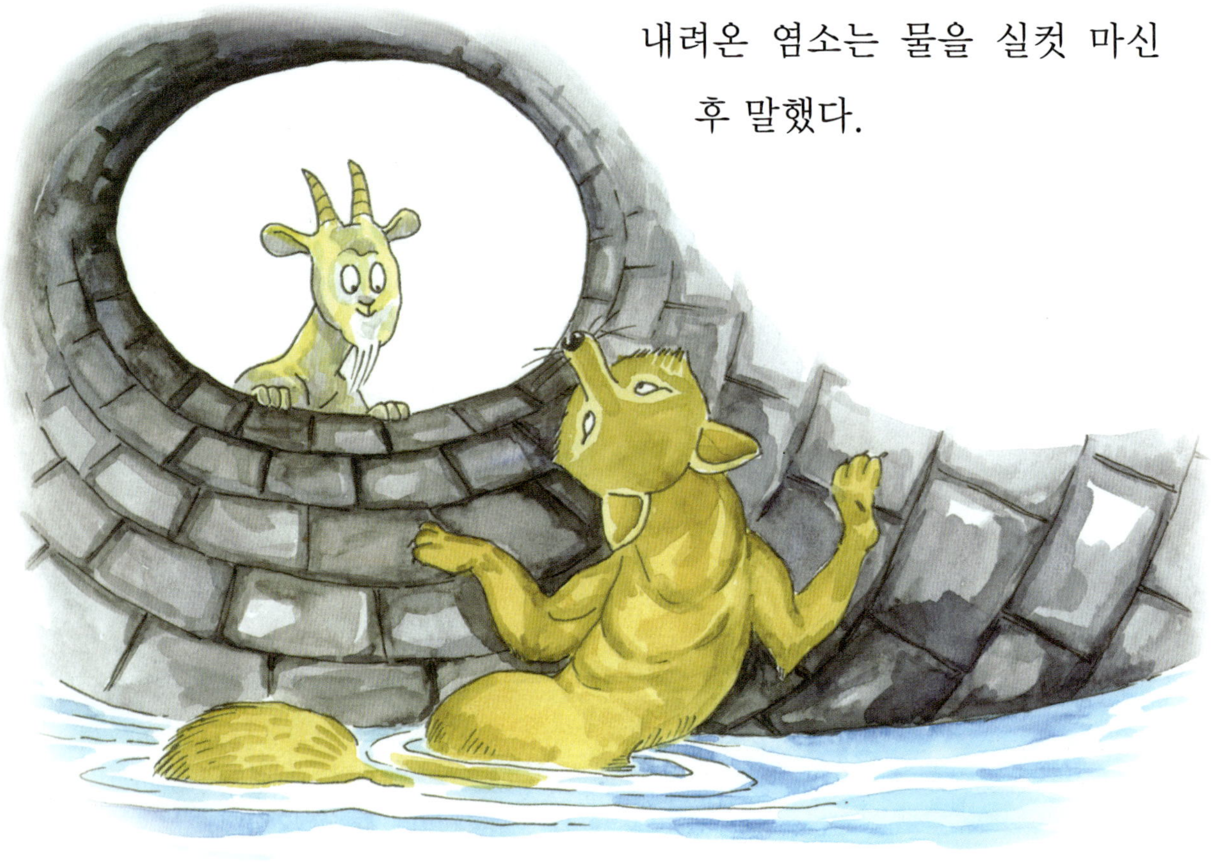

"여우야, 이제 어떻게 우물 밖으로 나가니?"
"내가 너를 타고 올라가야지. 그런 다음 너를 끌어올려줄게."
여우는 염소의 뿔을 타고 무사히 우물 밖으로 빠져 나왔다.
"바보 같은 염소야, 냉수(冷水) 먹고 속 차려라."

한자야 놀자!

水	물 수
	부수 : 물 수(水)
	총획 : 4획

이렇게 쓰여요!

生水 생수 끓이거나 소독하지 않은 맑은 샘물.
水中 수중 물속. 물 가운데.
水門 수문 물의 흐름을 막거나 유량을 조절하기 위하여 설치한 문.

이야기 열여섯

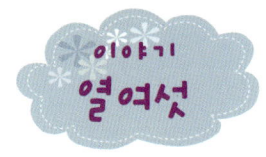

잘생긴 나무와 못생긴 나무

젊고 잘생긴 나무[木]가 늙고 볼품없는 고목(古木)에게 거드름을 피우며 말했다.

"나는 잘생기고 키도 커서 집이나 멋진 목선(木船) 만드는 재목(材木)으로 쓰일 것이오. 하지만 당신은 어느 곳에도 쓰일 수 없으니, 정말 불쌍하오."

그 말에 고목이 웃으며 말했다.

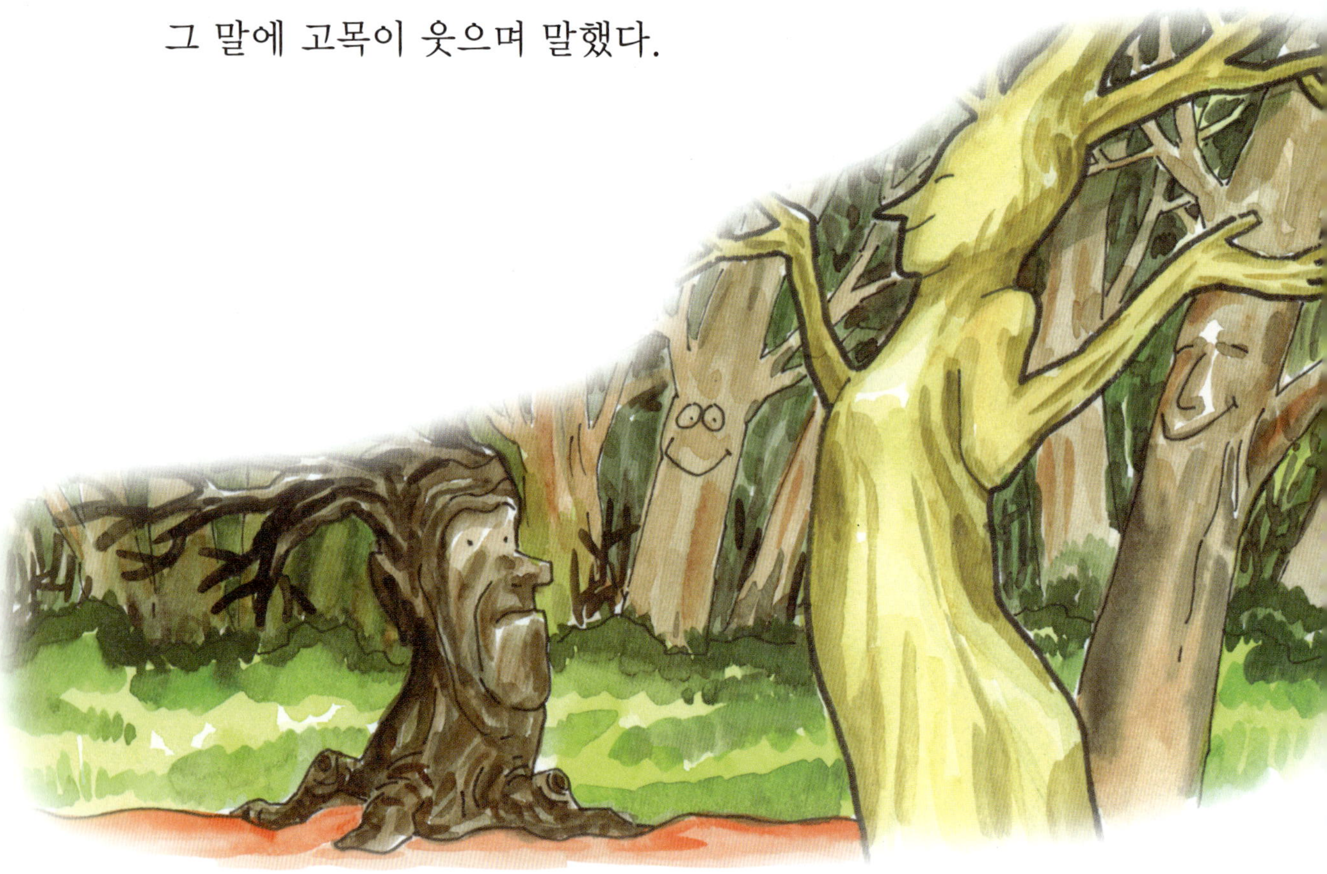

"너는 하나만 알고 둘은 모르는구나. 나는 볼품없는 고목이라 목수(木手)들이 거들떠보지도 않는다. 그래서 너처럼 목수들의 도끼나 톱에 잘려 나가는 아픔을 겪지 않아도 된단다. 그러니 이 모습으로 있는 게 얼마나 다행한 일이냐?"

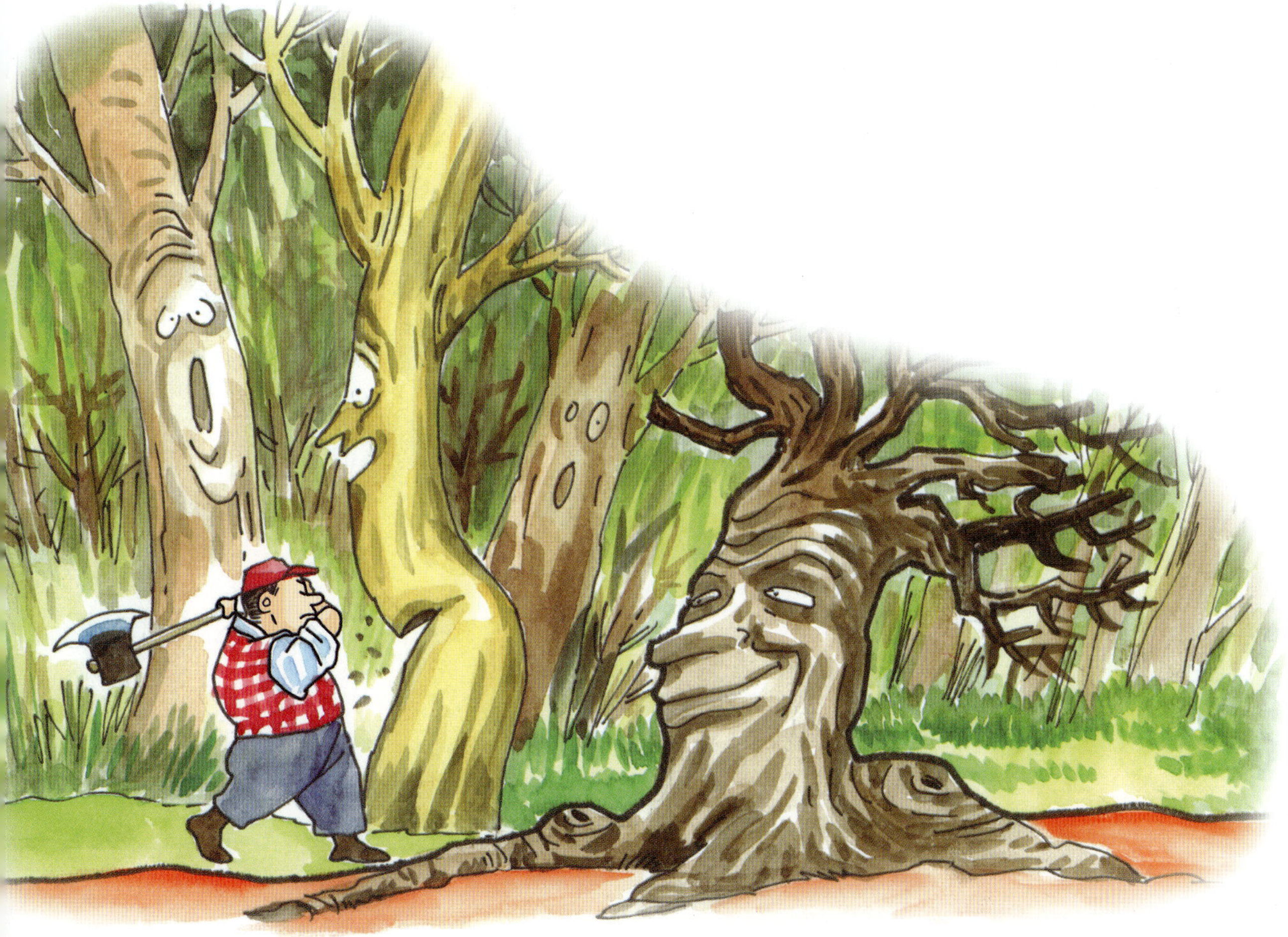

木	나무 목
	부수 : 나무 목(木)
	총획 : 4획

土木 토목 흙과 나무를 아울러 이르는 말. 또는 '토목 공사'의 준말.

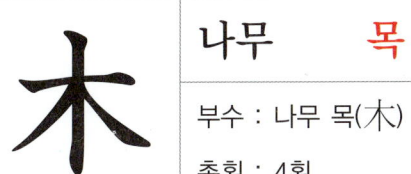

古木(고목) : 오래 묵은 나무.

木船(목선) : 나무로 만든 배.

이야기 열일곱

황금알을 낳는 거위

금발(金髮)에 성이 김 씨(金氏)인 사람의 집에 하루에 한 번씩 황금(黃金)알을 낳아주는 거위가 있었다. 그래서 김 씨네 집에는 날마다 황금이 생겼다. 그런데 김 씨는 날마다 한 알씩 생기는 황금에 만족하지 못했다.

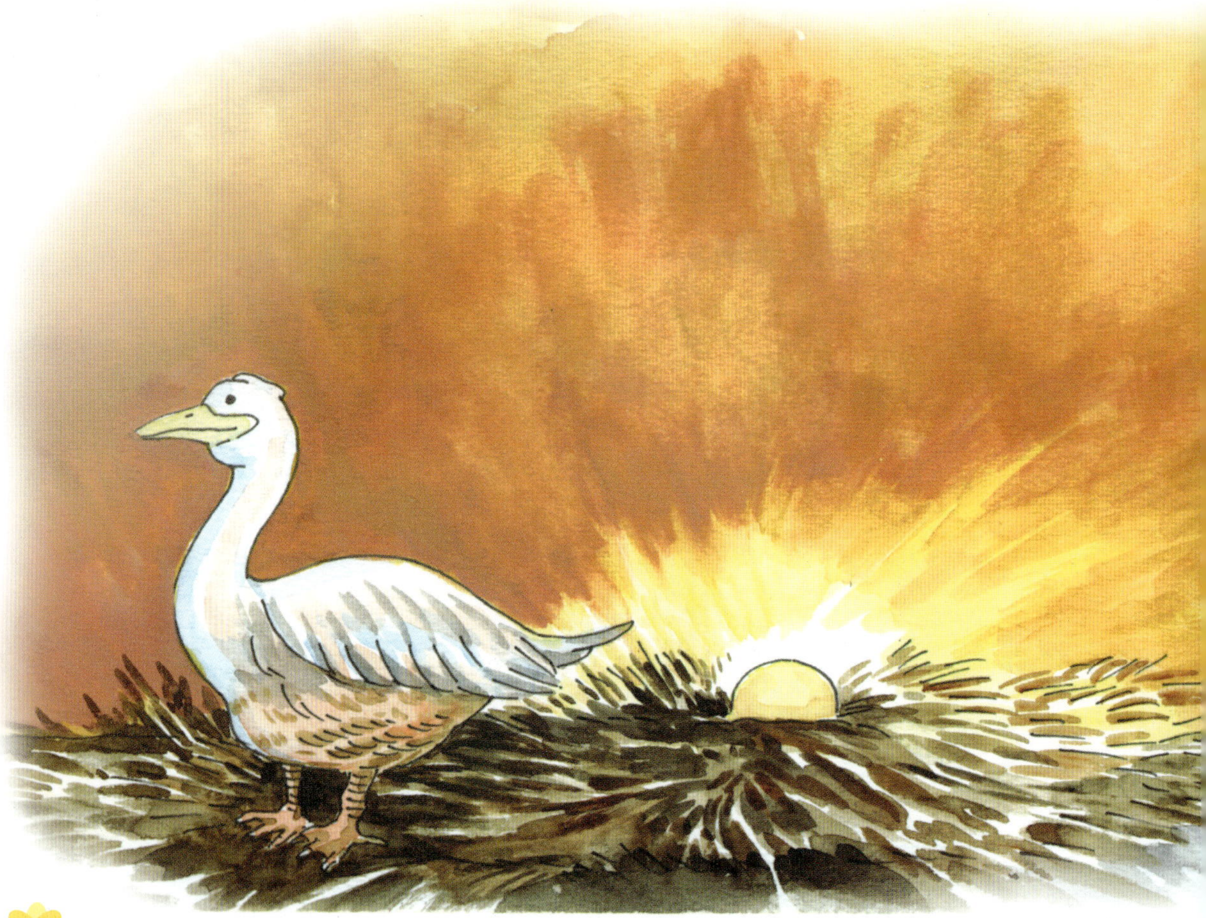

마침내 어느 금요일(金曜日), 김 씨는 한꺼번에 만금(萬金)을 얻고자 거위의 배를 갈랐다.

거위의 뱃속 황금알의 금광(金鑛)을 캐어 단번에 부자가 되고 싶었던 것이다. 아까운 거위만 죽고 말았다.

 한자야 놀자!

 이렇게 쓰여요!

金   쇠 금/성 김

부수 : 쇠 금(金)

총획 : 8획

萬金 **만금** 매우 많은 돈.

一金 **일금** 돈의 액수를 쓸 때 그 앞에 '돈'이란 뜻으로 쓰는 말.

 참고하세요!

金髮(금발) : 금빛 머리털.

金鑛(금광) : 금을 캐내는 광산.

이야기
열여덟

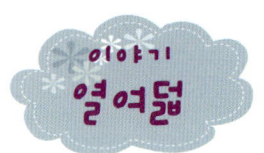

땅 속에 묻은 황금

토목(土木) 공사로 큰 돈을 번 구두쇠가 토질(土質) 좋은 땅을 샀다. 그리고 그 땅에 황금을 파묻어 감추었다.

그 뒤로 일년이 지났다. 그런 어느 토요일(土曜日) 밤, 그 사실을 알고 있는 누군가가 땅 속에 숨겨둔 구두쇠의 황금을 훔쳐가 버렸다. 구두쇠는 대성통곡하며 목숨이라도 버릴 것처럼 슬퍼하였다.

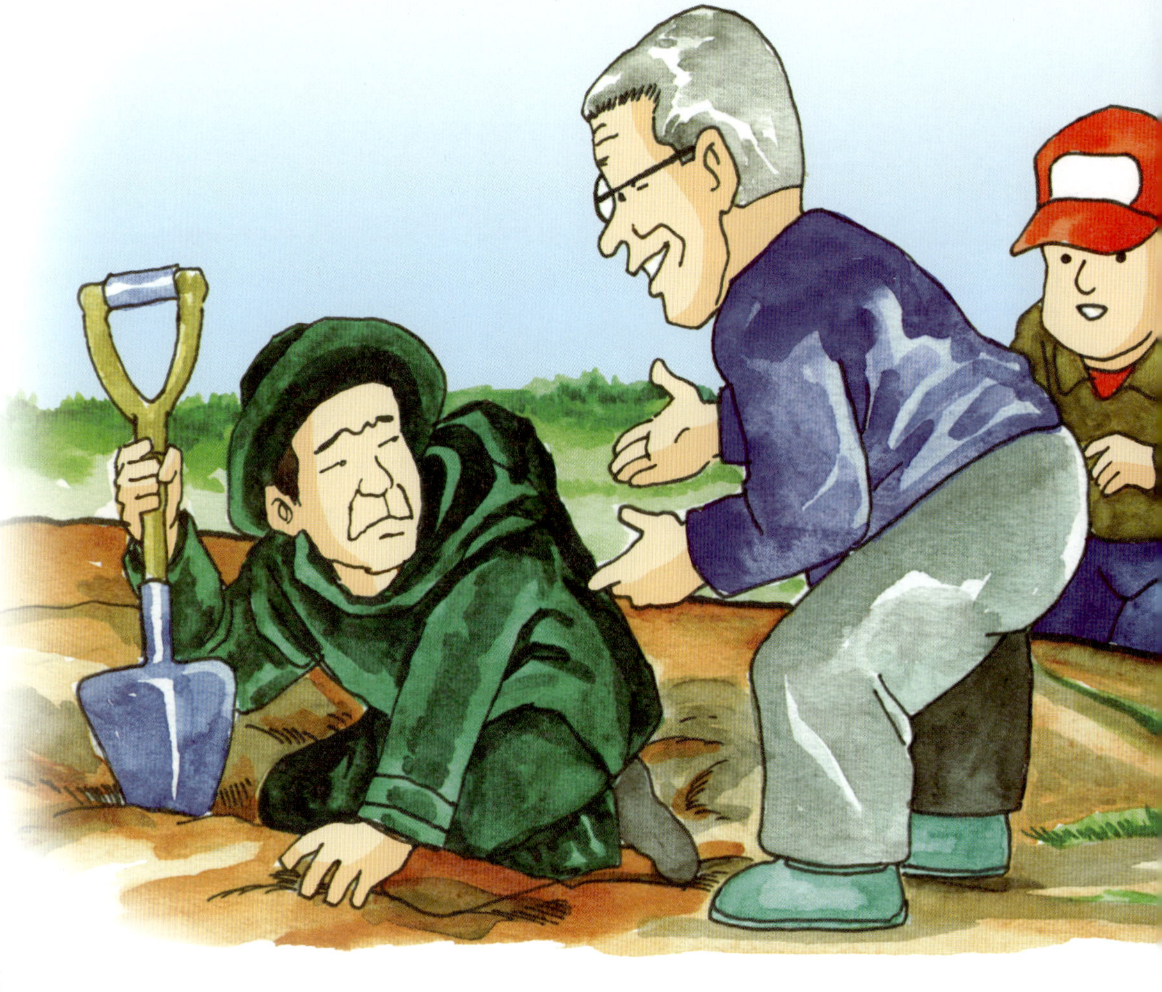

그 모습에 이웃 토인(土人)이 충고하였다.

"그렇게 허전하고 애통하면 대신 돌을 묻어두고 황금처럼 생각하시구려. 당신이 황금을 땅 속에 묻을 때는 안전하게 보관하려 했던 것, 사용할 뜻은 없지 않았소."

土	흙 토
	부수 : 흙 토(土)
	총획 : 3획

土人 토인 '미개한 지역에 정착하여 원시적인 생활을 하고 있는 종족'을 얕잡아 이르는 말. 또는 어떤 지방에 대대로 붙박이로 사는 사람.

■참고하세요 土質(토질) : 토지의 성질.

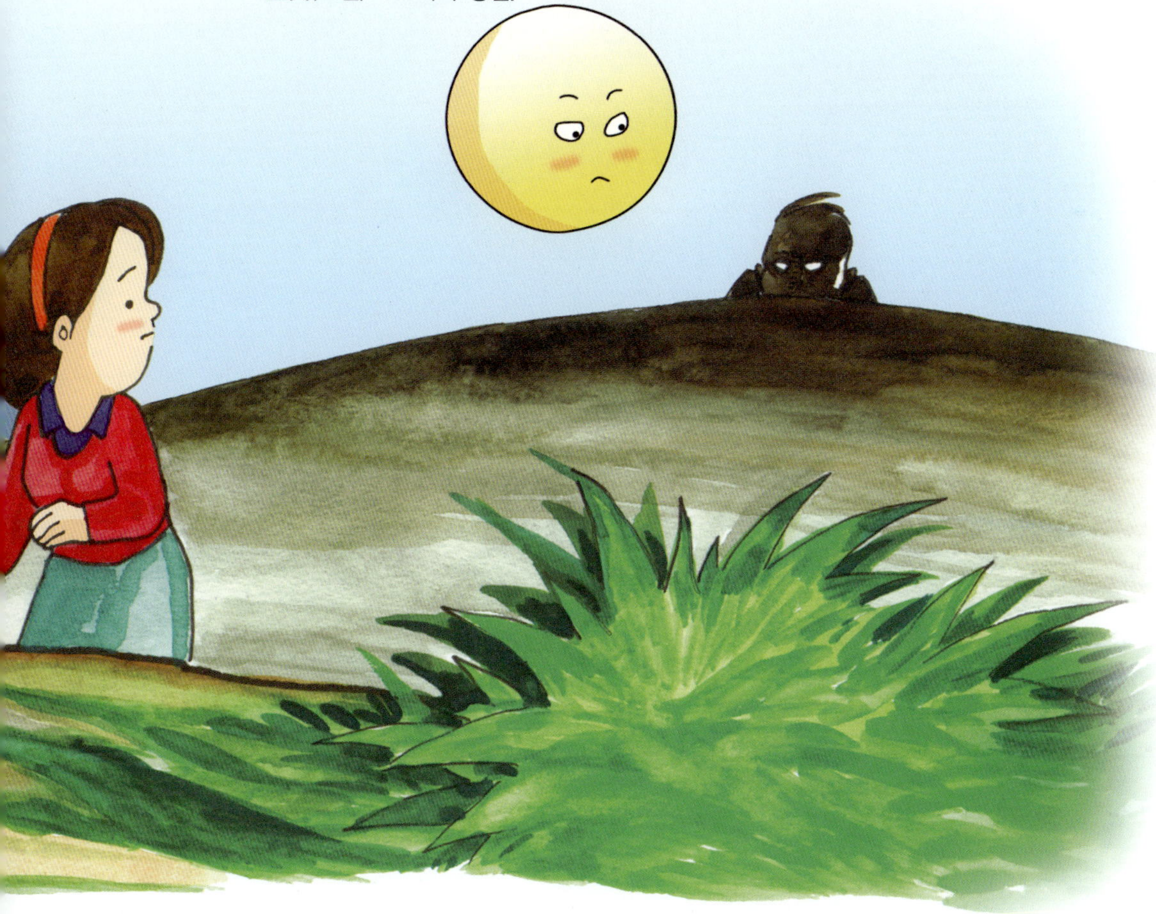

 배운 한자를 써 봐요!

月	달 월
	부수 : 달 월(月)
	총획 : 4획

 달의 모양을 본뜬 글자.

쓰는 순서 ノ 几 月 月

月	月							

火	불 화
	부수 : 불 화(火)
	총획 : 4획

 불이 활활 타오르는 모양을 본뜬 글자.

쓰는 순서 丶 ⺍ 少 火

火	火							

水	물 수
	부수 : 물 수(水)
	총획 : 4획

 물이 흐르는 모양을 본뜬 글자.

쓰는 순서 亅 刁 水 水

水	水							

나무   목

부수 : 나무 목(木)

총획 : 4획

나무의 모양을 본뜬 글자.

 一 十 才 木

木	木							

쇠 금/성 김

부수 : 쇠 금(金)

총획 : 8획

흙[土]에 덮여[亼] 있는 광석 [丷]의 하나인 '금'을 뜻함.

 ノ 人 人 亼 仐 全 余 金

金	金							

흙   토

부수 : 흙 토(土)

총획 : 3획

땅 위의 흙덩이 모양을 본뜬 글자.

 一 十 土

土	土							

해님과 두꺼비

일요일(日曜日)의 일출(日出)과 함께 해[日]님이 결혼할 것이라는 소문이 온 나라에 퍼졌다. 모든 동물들은 마치 자기 생일(生日)을 기다리는 것처럼 일요일 오기만을 기다렸다.

이렇게 잔칫날 같은 세상에 유독 한 늙은 두꺼비만은 일요일은 좋은 날이 아니라 슬퍼할 날이라고 한숨을 쉬며 말했다.

"지금도 간혹 해님이 심술을 부리면 우리 삶의 터전인 늪이 바짝 말라서 일상(日常) 생활에 어려움이 크지 않느냐. 그런데 해님이 결혼을 해 아기 해님까지 여러 명 낳으면 우리의 내일(來日)은 고통의 연속, 마침내는 말라죽고 말 것이다."

 한자야 놀자!

日	날/해 일
	부수 : 날 일(日)
	총획 : 4획

이렇게 쓰여요!

日日 **일일** 하루하루.
日月 **일월** 해와 달을 아울러 이르는 말.
日人 **일인** 일본 사람.

■ 참고하세요 日出(일출) : 해가 돋음. 해돋이.

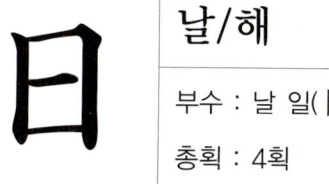

이야기 스물

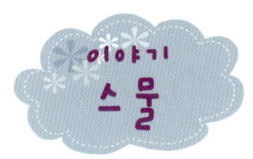

늑대와 양

먹이를 찾아 동분서주(東奔西走)하던 늑대가 물을 먹고 있는 길 잃은 새끼양 한 마리를 보았다. 늑대는 새끼양에게 다가가 다짜고짜 생트집을 잡았다.

"감히 내가 먹는 물을 더럽혔겠다!"

"물은 늑대님이 계신 동남(東南) 쪽이 아니라 동서(東西) 쪽으로 흐르잖아요?"

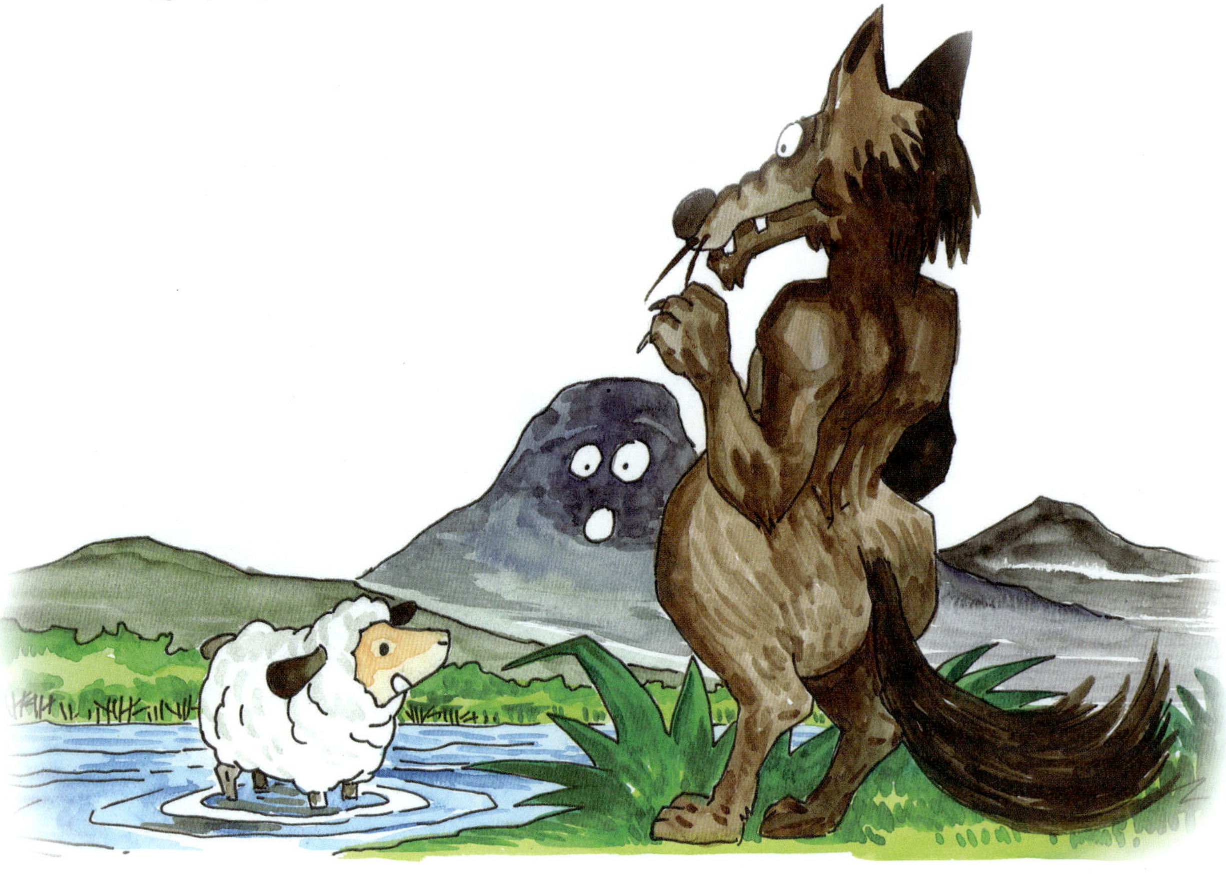

"그런가? 그렇다면 너는 왜 삼년 전에 강동(江東)에서 사람들에게 나를 헐뜯고 다녔느냐?"

"삼년 전이라면 저는 태어나지도 않았는데요?"

"네가 아니면 네 엄마겠지!"

늑대는 동문서답(東問西答)을 하며 새끼양을 잡아먹어 버렸다.

한자야 놀자!

東	동녘 동
	부수 : 나무 목(木)
	총획 : 8획

이렇게 쓰여요!

東南 **동남** 동쪽과 남쪽.
東西 **동서** 동쪽과 서쪽. 동양과 서양.
東大門 **동대문** 서울에 있는 '흥인지문(興仁之門)'의 다른 이름.

■참고하세요!
東奔西走(동분서주) : 사방으로 바쁘게 돌아다님.
東問西答(동문서답) : 동쪽을 묻는데 서쪽을 대답한다는 뜻으로, 묻는 말에 대하여 아주 딴판인 엉뚱한 대답.

이야기 스물하나

서양개와 동양개

서양(西洋)에서 태어난 부잣집 개가 어느 날 동양에서 태어난 가난뱅이 개를 저녁식사에 초대했다. 가난뱅이 개는 기뻐하며 이렇게 생각했다.

'오래간만에 서구(西歐)의 풍부한 음식을 맛보겠군. 저녁때 가면 배가 터지도록 실컷 먹고 남은 음식은 몰래 싸가지고 와야지. 내일 먹을 것도 없으니까…….'

가난뱅이 개는 저녁때까지 참지 못하고 부잣집에 일찍 도착했다. 그런데 군침을 흘리며 주방을 기웃거리다가 그만 요리사에게 쫓겨나고 말았다. 음식 맛도 보지 못한 채 쫓겨난 가난뱅이 개는 창피해 동서남북(東西南北)에서 몰려온 개들에게 말했다.

"너무 많이 먹어서 거길 어떻게 나왔는지도 모르겠어."

西

서녘 서

부수 : 덮을 아(襾)
총획 : 6획

東西南北 **동서남북** 동쪽·서쪽·남쪽·북쪽. 곧 사방.
西南 **서남** 서쪽과 남쪽.
西北 **서북** 서쪽과 북쪽.

■ 참고하세요! 西歐(서구) : 서부 유럽. 유럽 서부에 있는 프랑스·독일·영국 등의 국가가 있는 지역.

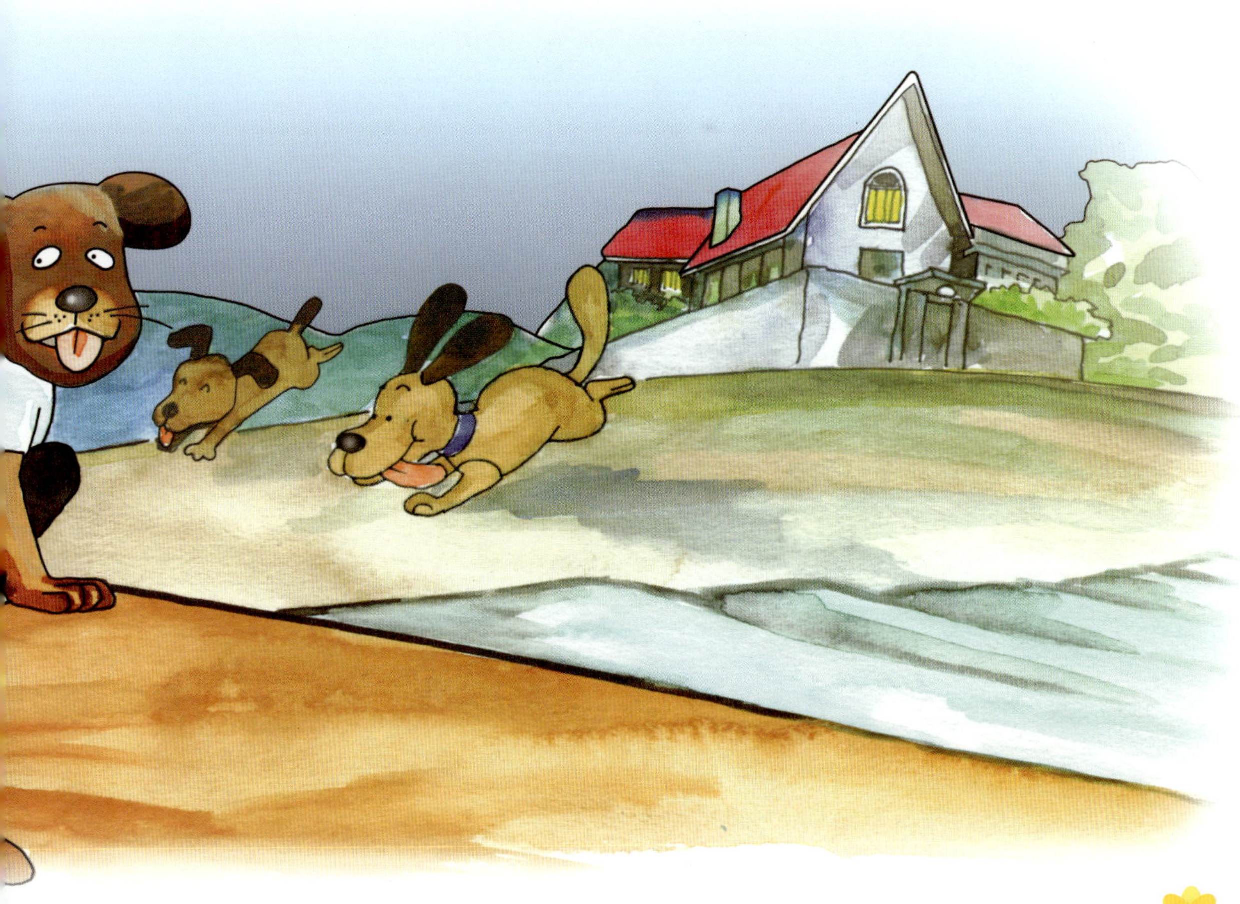

이야기 스물둘

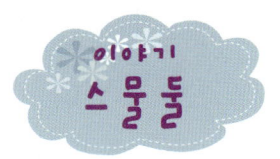

매와 비둘기

남한(南韓)에 살고 있는 비둘기들은 오십 년 동안 북한 하늘을 주름잡는 매가 두려움의 대상이었다. 그러던 어느 날, 남하(南下)한 매가 비둘기들을 모아놓고 말했다.

"나를 왕으로 모셔라. 그러면 너희들을 괴롭히지 않고, 다른 새들의 공격으로부터도 보호해 주겠다."

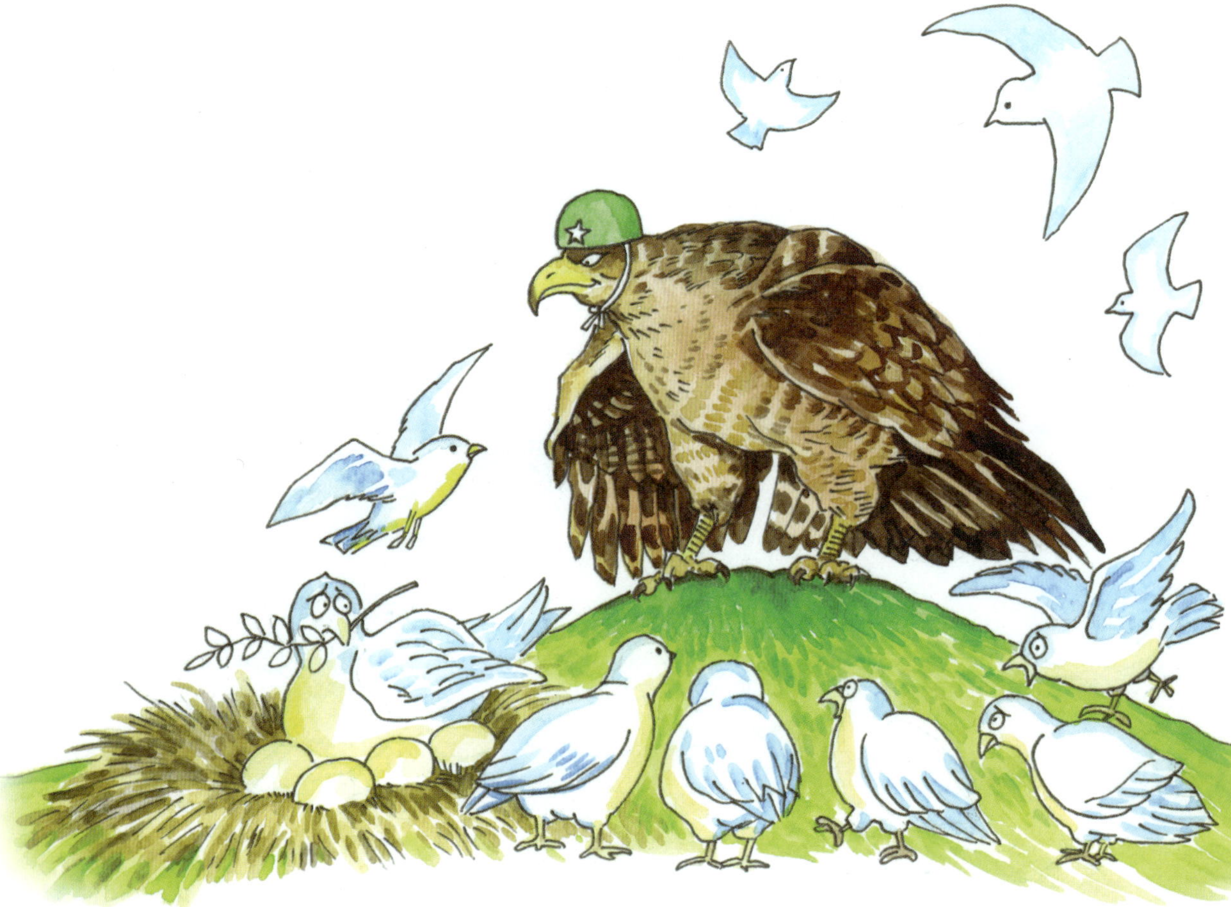

비둘기들은 그 말을 믿고 매를 왕으로 섬기기로 했다. 매는 왕위에 오르자마자 남산(南山)에 둥지를 틀었다. 그리고는 자기 약속은 까맣게 잊은 채 하루에 비둘기 한 마리씩 잡아먹기 시작했다.

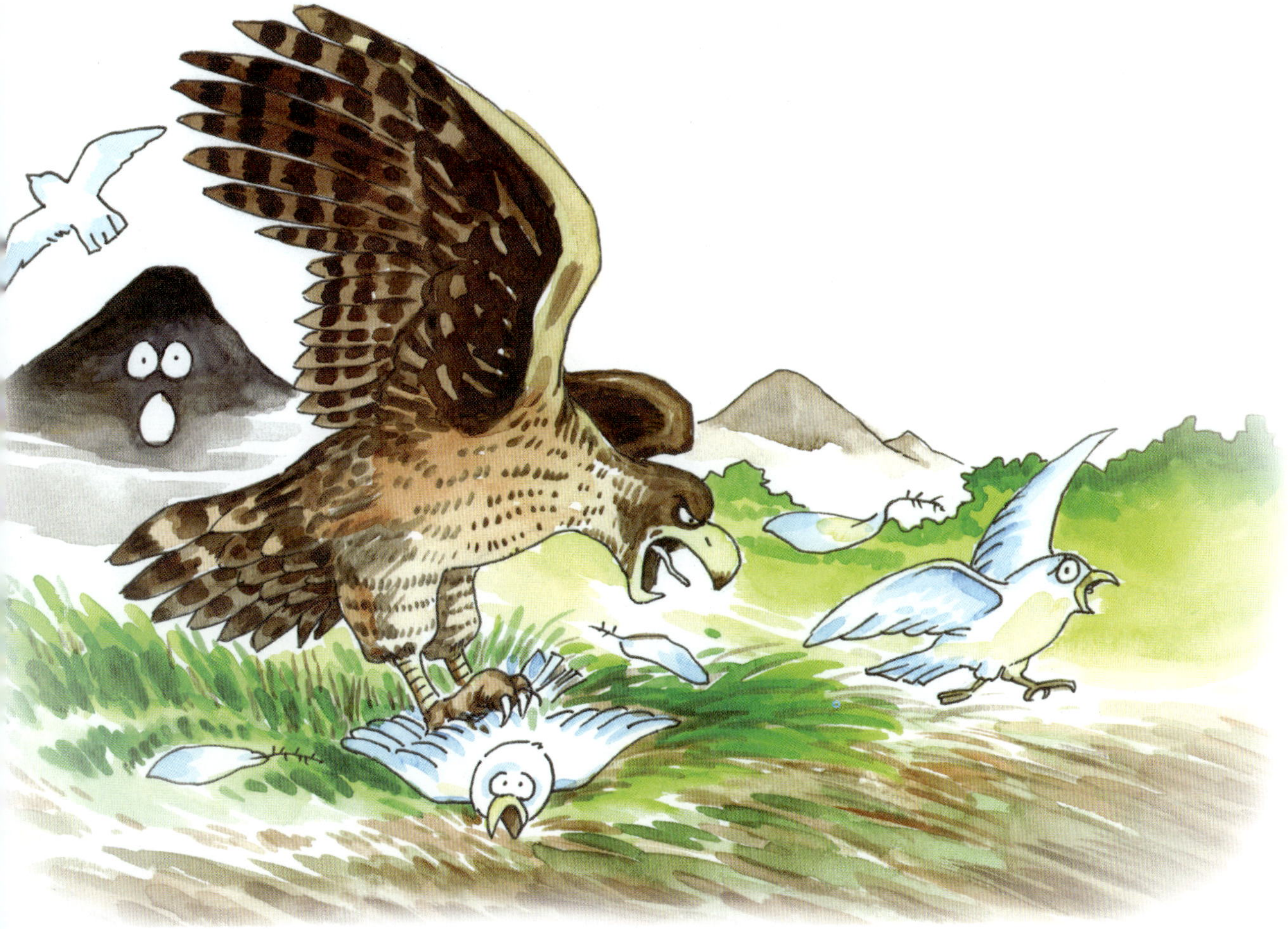

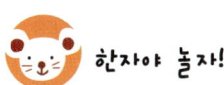

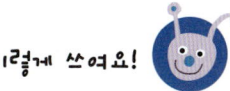

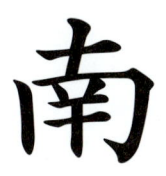

한자야 놀자!

南	남녘 남
	부수 : 열 십(十)
	총획 : 9획

이렇게 쓰여요!

南韓 **남한** 한반도 남쪽의 한국.
南山 **남산** 남쪽에 있는 산.
南大門 **남대문** 서울에 있는 '숭례문(崇禮門)'의 다른 이름.

■참고하세요 **南下**(남하) : 남쪽으로 내려감, 또는 내려옴.

늑대와 두루미

북(北)쪽에 사는 무법자 늑대가 북어(北魚)를 급히 먹다가 뼈가 목구멍에 걸렸다. 늑대는 고통을 이기지 못해 다른 동물들을 불러 모아놓고 말했다.

"내 목에서 뼈를 꺼내주는 동물에게는 큰 사례를 하겠다."

그 말에 남쪽에서 날아온 두루미가 긴 목을 늑대의 목구멍에 집어 넣었다. 두루미는 늑대 목구멍 살 속에 박혀 있는 뼈를 뽑아내고는 정중하게 약속대로 사례해 달라고 요구했다.

순간 늑대는 북풍(北風) 찬바람처럼 싸늘하게 돌변해 말했다.
"은혜도 모르는구나. 감히 내 입 안에 머리를 집어넣었다가 북망산(北邙山)에 가지 않고 살아남은 것만도 천만다행이라고 생각해야지!"

 한자야 놀자!

北	북녘 북/달아날 배
	부수 : 비수 비(匕)
	총획 : 5획

 이렇게 쓰여요!

北西 북서 북쪽과 서쪽의 중간에 해당하는 방위.
北韓 북한 남북으로 분단된 대한민국의 휴전선 북쪽 지역을 가리키는 말.
東北 동북 동쪽과 북쪽.

■ 참고하세요!
北魚(북어) : 마른 명태.
北邙山(북망산) : '무덤이 많은 곳, 또는 사람이 죽어서 묻히는 곳'을 이름.

이야기 스물넷

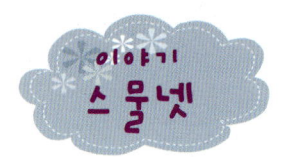

생쥐와 아기를 낳는 산

어느 산촌(山村)에는 언젠가부터 산천초목(山川草木)이 흔들리고 산(山) 중턱에 있는 돌이나 흙이 갑자기 무너져 내리는 일이 자주 일어났다. 산촌 사람들은 별의별 추측을 다했다.

"산신령(山神靈)이 노했다네!"

그러던 어느 날, 갑자기 요란한 소리와 함께 산봉우리가 터졌다. 그리고 누군가가 소리쳤다.

"산(山)이 아기를 낳는 중이다!"

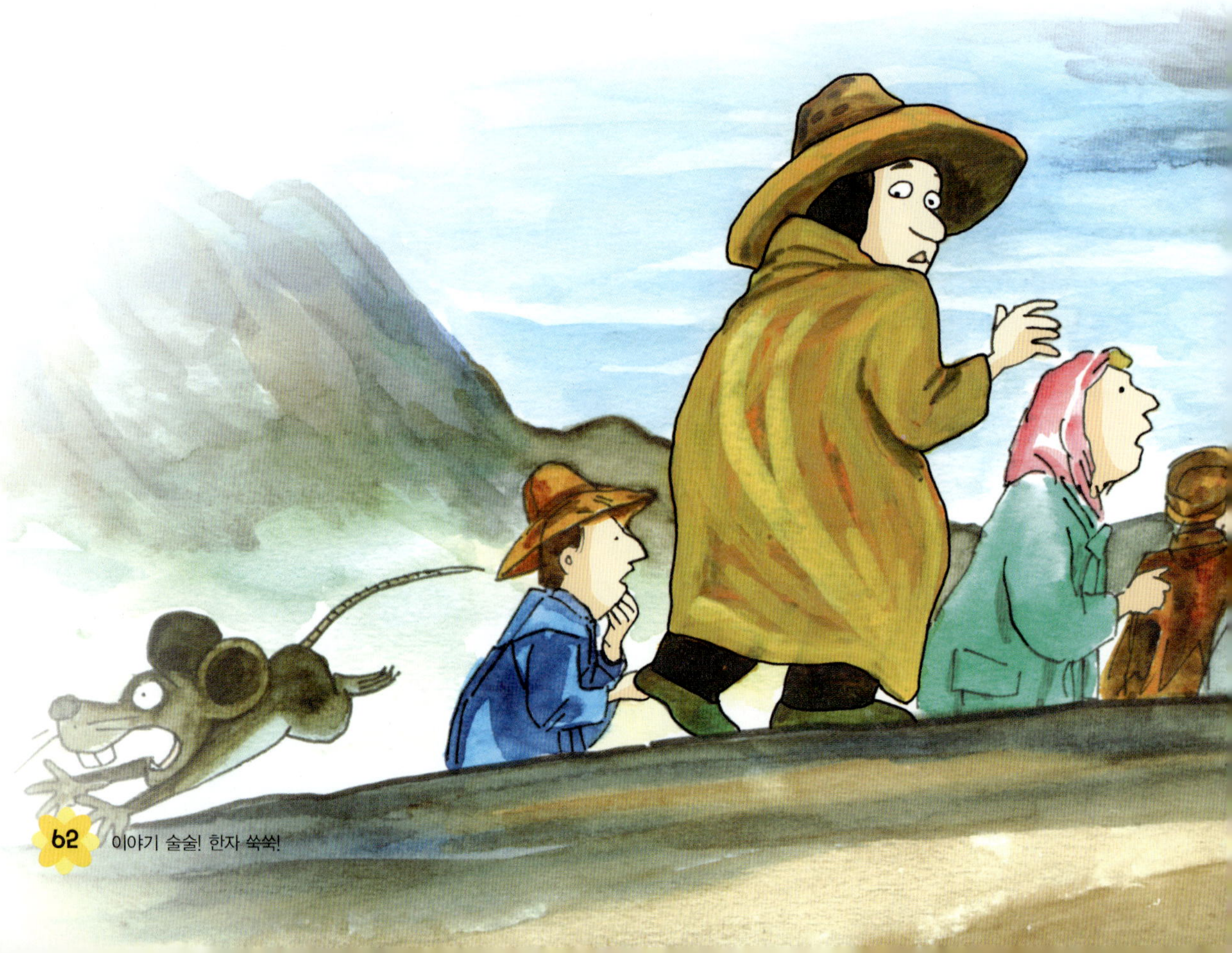

이 소문은 순식간에 널리 퍼졌고, 많은 사람들이 산 주변으로 몰려왔다. 산이 어떻게 아기를 낳는가 보기 위해서이다. 그러나 그들이 본 것은 화산(火山)이 터지면서 급하게 도망가는 생쥐 한 마리였다.

한자야 놀자!

山	메 산
	부수 : 메 산(山)
	총획 : 3획

이렇게 쓰여요!

西山 **서산** 서쪽의 산.
山水 **산수** 산과 물. 곧 자연의 경치를 이름.
先山 **선산** 조상의 무덤, 또는 무덤이 있는 곳.

■ 참고하세요! 山川草木(산천초목) : 산과 물, 풀과 나무. 곧 '자연'을 이르는 말.

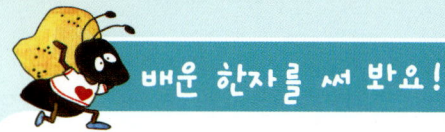

| 日 | 날/해 　 일
부수 : 날 일(日)
총획 : 4획 |  | 해의 모양을 본뜬 글자. |

✏️ 쓰는 순서 丨 冂 日 日

| 日 | 日 | | | | | | | |

| 東 | 동녘 　 동
부수 : 나무 목(木)
총획 : 8획 |  | 아침 해[日]가 나무[木]에 걸려 있는 모양으로 해 뜨는 '동쪽'을 나타냄. |

✏️ 쓰는 순서 一 丆 丏 䒑 亘 車 東 東

| 東 | 東 | | | | | | | |

| 西 | 서녘 　 서
부수 : 덮을 아(襾)
총획 : 6획 |  | 저물 무렵에 새가 둥우리를 찾아들어 앉는 모양을 본떠, 해가 지는 쪽인 '서녘'의 뜻으로 쓰이게 됨. |

✏️ 쓰는 순서 一 丆 万 两 西 西

| 西 | 西 | | | | | | | |

남녘	남
부수 : 열 십(十)	
총획 : 9획	

초목은 '남쪽'으로 갈수록 그 가지가 점점 무성해진다는 데서 '남녘'의 뜻이 됨.

🖌 쓰는 순서

南	南								

北

북녘 북/달아날 배
부수 : 비수 비(匕)
총획 : 5획

두 사람이 서로 등을 맞대고 서 있는 모양을 본떠, 남녘과 등진 '북녘', 또는 서로 등져 '배반하다'의 뜻이 됨.

🖌 쓰는 순서 ㅣ ㅓ ㅓ 圠 北

北	北								

山

메 산
부수 : 메 산(山)
총획 : 3획

산의 모양을 본뜬 글자.

🖌 쓰는 순서 ㅣ 山 山

山	山								

이야기 스물다섯

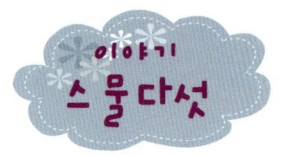

황소와 개구리

대왕(大王)처럼 서 있는 커다란[大] 황소의 모습을 부럽게 바라보던 대장(大將) 개구리가 몸뚱이를 두 배로 부풀리며 물었다.

"이만하면 나도 저 황소처럼 보이겠지?"

"아녜요, 황소대왕 모습과는 전혀 다른데요?"

자칭 대장부(大丈夫) 대장 개구리는 화가 나 용을 쓰며 몸을 크게[大] 부풀렸다.

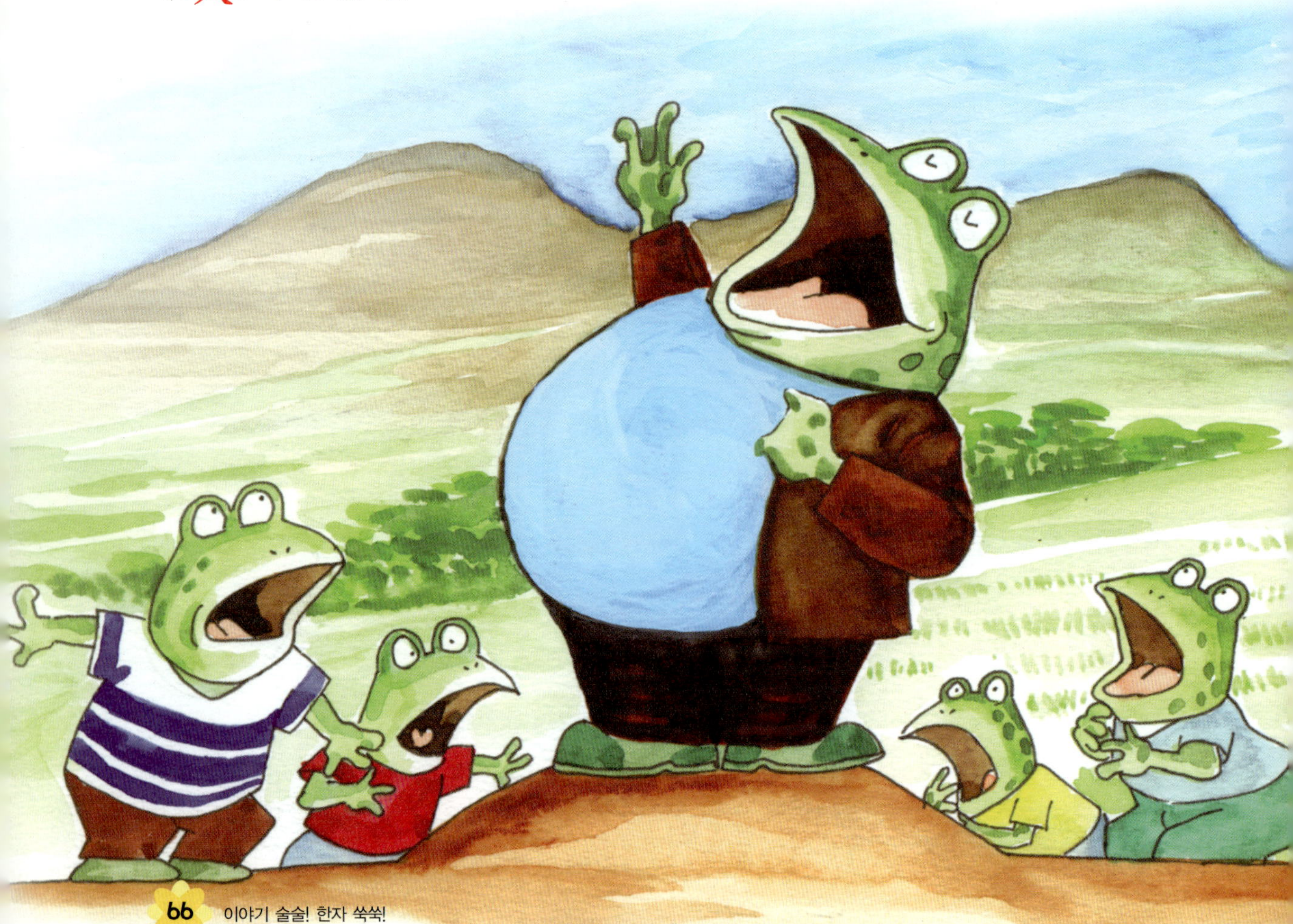

"아무리 그래도 황소처럼 될 수는 없습니다. 그만하세요, 대장님."
부하들은 만류했다. 그러나 자기 분수를 모르는 개구리는 있는 힘을 다해 몸을 부풀리다가 결국은 배가 터져 죽고 말았다.

한자야 놀자!

大	큰 대
	부수 : 큰 대(大)
	총획 : 3획

이렇게 쓰여요!

大王 대왕 훌륭하고 업적이 뛰어난 임금을 높여 일컫는 말.
大軍 대군 많은 군사.
大韓 대한 '대한 민국'의 준말.

■ 참고하세요! 大丈夫(대장부) : 건장하고 씩씩한 사나이.

박쥐의 이중성격

짐승과 새들의 전쟁이 일어났다. 박쥐는 짐승과 새들 사이에서 중립(中立)을 선포했다. 중립을 지킨다고 하면서도 박쥐는 중간(中間)에서 눈치를 살피다가 우세한 짐승 편을 들었다.

그런데 전세는 역전되어 새들이 우세해졌다. 박쥐는 중심(中心)을 잃은 채 금방 새들 편을 들어 짐승과 싸웠다.

치열했던 짐승과 새들의 전쟁은 평화협정으로 중단(中斷)되었다.

그 뒤 박쥐는 짐승과 새들 모두에게 비난과 따돌림을 당했다. 그래서 몰래 숨어 살아야만 했다.

지금까지도 박쥐는 낮에는 남들의 눈을 피해 어둡고 누추한 동굴에서 살다가 해가 지면 캄캄한 공중(空中)을 날아다니면서 먹이를 찾아 활동한다.

 한자야 놀자!

中 가운데 중
부수 : 뚫을 곤(|)
총획 : 4획

 이렇게 쓰여요!

中國 중국 아시아 동부에 있는 나라. 수도는 베이징.
中學生 중학생 중학교에 다니고 있는 학생.
中年 중년 마흔 살 안팎의 나이. 청년과 노년의 중간을 이름.

한자능력검정시험 8급 대비

소인과 작은 물고기

소심(小心)한 낚시꾼이 어느 날 작은[小] 물고기 한 마리를 잡았다. 붙잡힌 작은 물고기는 낚시꾼에게 울며불며 살려달라고 애원했다.

"저는 너무 어리고 작아서 아저씨의 한 끼 반찬거리도 되지 못하잖아요. 저를 살려주시면 나중에 커서 반드시 아저씨의 밥이 될게요."

소심한 낚시꾼은 작은 물고기의 애원에도 차갑게 말했다.

"비록 작은[小] 것을 탐하다 큰 것을 잃는다 해도 나는 소인(小人), 아무도 믿지 않는다. 그러니 너를 잡아야겠다."

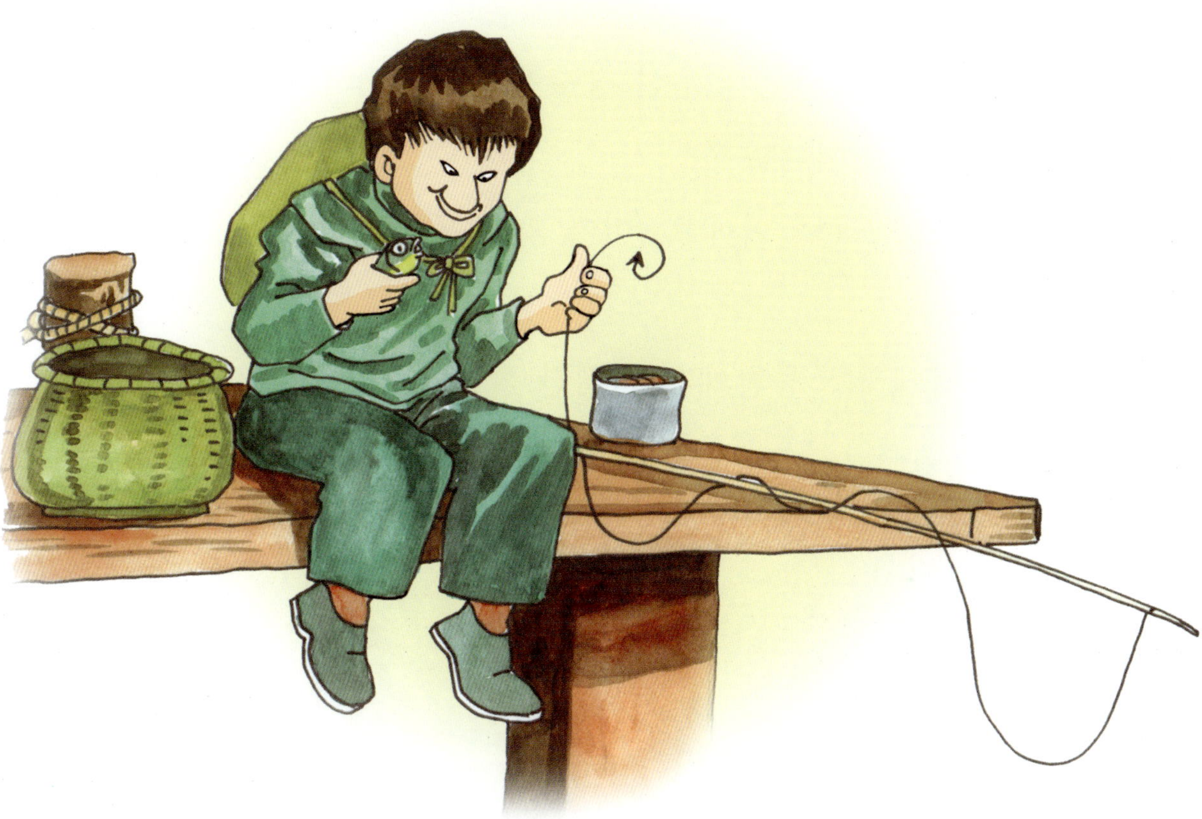

한자야 놀자!

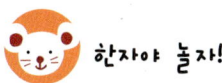

小	작을 소
	부수 : 작을 소(小)
	총획 : 3획

이렇게 쓰여요!

- **小人 소인** 나이가 어린 아이. 도량이 좁고 간사한 사람.
- **小國 소국** 국력이 약하거나 국토가 작은 나라.
- **大小 대소** 크고 작음. 큰 것과 작은 것.

■참고하세요! 小心(소심) : 대담하지 못하고 겁이 많음.

아버지와 두 딸

어떤 부모(父母)에게 두 딸이 있었는데, 하루는 부녀(父女)가 함께 만났다. 아버지[父]가 우산 장수에게 시집간 큰딸에게 물었다.

"요즘 지내는 게 어떠냐?"

"비가 오지 않아 큰일이에요. 비가 와야 우산을 팔아서 먹고 살 텐데……."

큰딸의 대답에 막노동꾼에게 시집간 작은딸이 울상을 지었다.

"우린 비가 오면 걱정이 많아요. 비오는 날에는 아범이 일을 못하잖아요."

그 뒤로 아버지는 비가 와도 걱정, 날이 좋아도 걱정이었다. 큰딸을 위해서는 비가 와야 하고 작은딸을 위해서는 날이 좋아야 했기 때문이다.

 한자야 놀자!

父 아버지 부
부수 : 아버지 부(父)
총획 : 4획

 이렇게 쓰여요!

父母 부모 아버지와 어머니.
父女 부녀 아버지와 딸.
學父母 학부모 학생의 아버지나 어머니라는 뜻으로, 학생의 보호자를 이르는 말.

사형수와 어머니

어떤 아들이 어머니[母]의 모교(母校)에 다니고 있었다. 그 아들이 학교에서 도둑질을 하면 어머니[母]는 꾸짖기는커녕 아는 선생님을 찾아가 그 사실을 두둔하고 감춰주기에 바빴다. 그렇게 하는 것이 자식에 대한 사랑이라고 생각했던 것이다.

어른이 된 아들은 도둑질에 살인까지 하여 마침내는 사형선고를 받기에 이르렀다.

사형장으로 끌려가는 길에 아들은 어머니에게 달려들어 소리치며 울부짖었다.

"나를 이 모양 이 꼴로 만든 사람은 우리 어머니예요. 어릴 때 내 나쁜 짓을 한번도 꾸짖은 적이 없어요. 여러분은 우리 모자(母子)처럼 되어서는 절대 안 됩니다!"

 한자야 놀자!

 이렇게 쓰여요!

母	어미 모
	부수 : 말 무(母)
	총획 : 5획

母校 모교 자기가 졸업한 학교.
母女 모녀 어머니와 딸.
生母 생모 자기를 낳은 어머니. 친어머니.

■ 참고하세요! 母子(모자) : 어머니와 아들.

막대기 한 묶음

어느 집안의 형제(兄弟)는 서로 미워하며 싸움이 잦았다. 하루는 아버지가 형(兄)과 아우를 불러놓고 막대기 한 묶음을 주면서 말했다.

"그것을 부러뜨려 보아라!"

형과 아우는 막대기 묶음을 부러뜨리려 온힘을 다했다. 그러나 둘 다 실패했다. 아버지는 말없이 묶은 막대기를 끌렀다.

그러더니 형과 아우에게 막대기 한 개씩을 주면서 부러뜨려 보라고 했다. 형제는 막대기 하나하나를 쉽게 부러뜨렸다.

아버지가 말했다.

"하나의 막대기라면 이렇게 쉽게 부러뜨릴 수 있다. 너희 형제들도 서로 싸움질만 하면 하나의 막대기와 다를 게 없다. 그러나 형(兄)은 아우를 사랑하고, 아우는 형(兄)을 공경한다면 묶은 막대기처럼 쉽게 꺾이지 않는다."

 한자야 놀자! 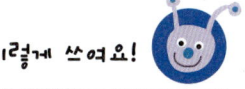 이렇게 쓰여요!

兄	형/맏 형
	부수 : 어진사람 인(儿)
	총획 : 5획

兄弟 형제 형과 아우.
學父兄 학부형 학생의 아버지나 형이라는 뜻으로, 학생의 보호자를 이르는 말.

 **배운 한자를 써 봐요!**

大	큰 **대**
	부수 : 큰 대(大)
	총획 : 3획

어른이 팔다리를 크게 벌리고 서 있는 모양을 본떠 '큼'이 됨.

쓰는 순서 一ナ大

大	大							

中	가운데 **중**
	부수 : 뚫을 곤(丨)
	총획 : 4획

물건[口]의 한가운데를 작대기로 꿰뚫은[丨] 모양에서 '가운데'를 뜻하게 됨.

쓰는 순서 丨 口 口 中

中	中							

小	작을 **소**
	부수 : 작을 소(小)
	총획 : 3획

작은 점[丶] 셋으로 물건의 '작은' 모양을 본뜬 글자. 또는 흙을 헤치고[八] 나온[丨] 싹이 '작다'는 뜻.

쓰는 순서 亅 小 小

小	小							

78 이야기 술술! 한자 쑥쑥!

아버지 부

부수 : 아버지 부(父)
총획 : 4획

손에 회초리를 들고 있는 모양을 본떠, 아이들을 가르치는 '아버지'를 나타낸 글자.

 ノ ハ グ 父

어미 모

부수 : 말 무(毋)
총획 : 5획

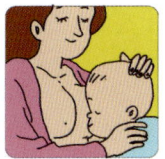

여자[女]의 좌우 유방[丶丶]을 나타내어 아이에게 젖을 먹여 기르는 '어머니'의 뜻.

 ㄑ ㄇ ㄇ 母 母

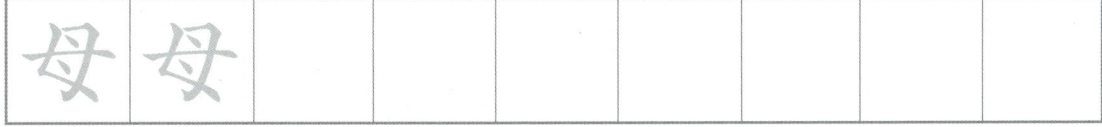

형/맏 형

부수 : 어진사람 인(儿)
총획 : 5획

아우를 입[口]으로 타이르는 사람[儿]이라는 데서 '형, 맏이'라는 뜻.

 ㄱ ㅁ ㅁ 尸 兄

이야기 서른하나

형제와 땅 속의 보물

과수원 주인인 아버지에게 아들 형제(兄弟)가 있었다. 형제끼리의 다툼을 없애고 과수원을 기름지게 만들기 위해 아버지는 죽기 전에 유언을 남겼다.

"난형난제(難兄難弟)의 너희 형제들을 위해 내가 과수원 땅 속에 파묻어 둔 것이 있다. 그것을 찾으면, 너희들에게 좋은 일이 생길 것이다."

그 후 아버지가 죽었을 때, 형제는 삽과 괭이를 들고 과수원으로 나갔다. 어딘가에 보물이 묻혀 있다고 생각하면서 형제는 열심히 땅을 팠다. 과수원 땅 여기저기를 모두 파 엎었으나 보물은 나오지 않았다. 그 대신 형제는 기름진 땅에서 맛있고 훌륭한 과일을 수확하면서 땅 속에 있는 보물이 무엇인가를 깨달았다.

 한자야 놀자!   이렇게 쓰여요!

弟	아우 제
	부수 : 활 궁(弓)
	총획 : 7획

父母兄弟 부모형제 아버지·어머니·형·아우. 온 가족.

弟兄 제형 아우와 형을 아울러 이르는 말.

■ 참고하세요! **難兄難弟**(난형난제) : 누구를 형이라 해야 하고, 누구를 아우라 해야 할지 분간하기 어렵다는 뜻으로, 누가 더 낫다고 할 수 없을 정도로 둘이 서로 비슷함.

이야기 서른둘

장님과 늑대새끼

마을에 사람의 마음을 꿰뚫어보는 능력을 지닌 장님이 있었다.

어느 날 장님의 친구들이 그의 능력을 알아보기 위해 늑대새끼를 만져보게 한 후 물었다.

"지금 만진 것이 무엇이냐?"

장님이 말했다.

"촌수(寸數)로 말하자면 이 동물의 부모는 개였거나 늑대야. 한 가지 더 말하자면, 촌수가 다른 양들은 이 동물을 아주 무서워하고 믿지 않지."

감탄한 친구들은 장님친구에게 정성이 담긴 촌지(寸志)를 주면서 격려하였다.

 한자야 놀자!

 이렇게 쓰여요!

寸	마디 촌
	부수 : 마디 촌(寸)
	총획 : 3획

六寸 육촌 사촌의 자녀끼리의 촌수.
八寸 팔촌 아버지 육촌의 자녀와의 촌수.

■참고하세요! 寸志(촌지) : 얼마 되지 않는 적은 선물이란 뜻으로, '자기의 선물'을 겸손하게 이르는 말.

이야기 서른셋

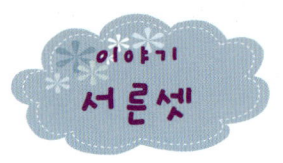

원숭이 왕과 여우

어느 날 한 원숭이가 동물들의 모임에서 왕관(王冠)을 쓰고 익살맞은 모습으로 춤을 추었다. 그 춤 때문에 원숭이는 왕족(王族)도 아니었는데 동물들의 지지를 받아 동물의 왕(王)으로 뽑혔다.

여우는 원숭이가 왕위(王位)에 오른 일이 못마땅했다. 그래서 원숭이 왕을 보물이 있는 곳으로 안내한다고 유인해 덫에 걸리게 만들었다.

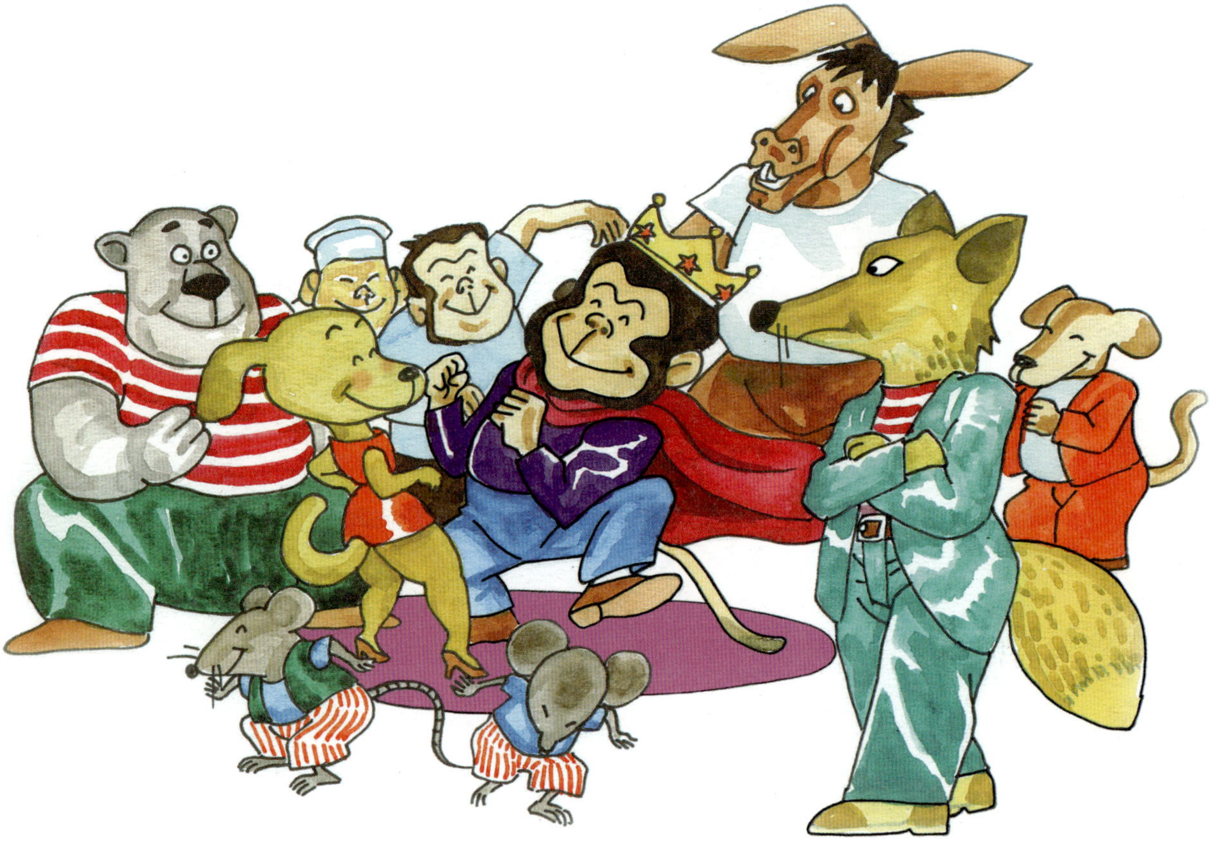

덫에 걸린 원숭이는 구원을 청했다. 여우는 비웃으며 말했다.

"왕은 아무나 하는 게 아냐. 너처럼 왕통(王統)도 없으면서 단지 웃기는 재주만 지닌 원숭이에게 우리 동물의 왕국(王國)을 맡길 수는 없다."

한자야 놀자!

이렇게 쓰여요!

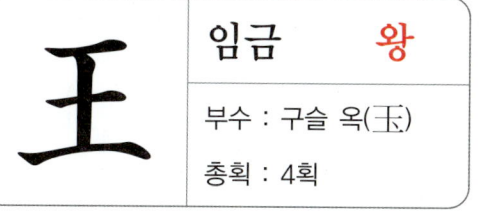

王　　　임금　　왕

부수 : 구슬 옥(玉)
총획 : 4획

王國 **왕국** 임금이 다스리는 나라.
王女 **왕녀** 왕의 딸.
王中王 **왕중왕** 왕 중의 왕. 일정한 분야나 범위 안에서 가장 으뜸이 되는 사람.

■참고하세요! 王統(왕통) : 왕위를 계승하는 정통. 임금의 혈통.

이야기 서른넷

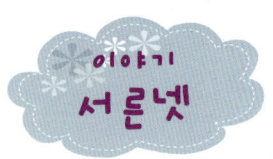

인간의 수명

신은 인간(人間)을 만들면서 오래 살지는 못하게 했다. 짧은 수명을 타고났으나 지혜로운 인간은 집을 지어 추위를 피하며 따뜻하게 지냈다. 추위에 견디다 못한 말이 찾아와 쉴 곳을 달라고 애원했다. 인간은 인심(人心)을 쓰면서 신이 말에게 준 수명에서 조금 얻고 쉴 곳을 내주었다. 그 얼마 후 추위에 쫓겨 소가 찾아왔다. 이번에는 인정(人情)을 베풀어 소의 수명을 조금 얻고는 쉴 곳을 내주었다.

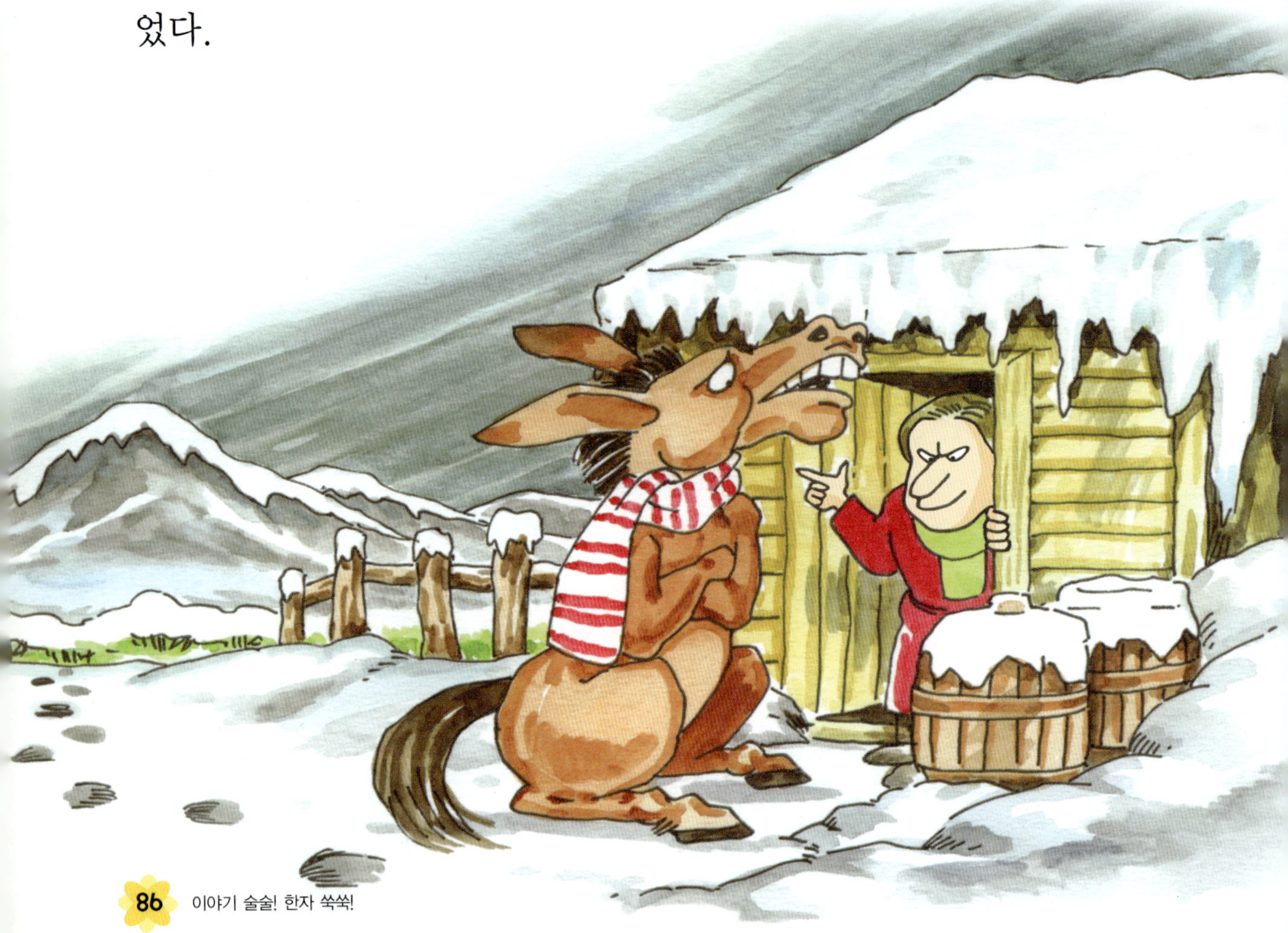

마지막으로 추위에 반쯤 죽어가는 개가 찾아왔다. 인간은 짐짓 인격(人格)을 내세우며 개의 수명을 조금 얻고 쉴 곳을 내주었다. 그 결과 인생(人生)에서 말에게서 얻은 수명을 살 때는 기운껏 날뛰고, 소의 수명을 쓸 때는 황소처럼 고집을 부렸으며, 말년에는 늙은 개처럼 잔소리가 심해졌다.

 한자야 놀자!

人	사람 인
	부수 : 사람 인(人)
	총획 : 2획

 이렇게 쓰여요!

人生 인생 사람이 세상을 살아가는 일. 사람의 살아 있는 동안.
人中 인중 코와 윗입술 사이에 오목하게 골이 진 곳.
萬人 만인 모든 사람.

이야기
서른다섯

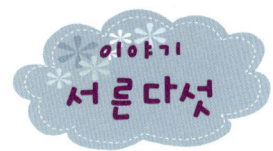

처녀의 허무맹랑한 공상

한 처녀(處女)가 큰 우유통을 머리에 이고 시장에 내다팔러 가면서 허황한 공상으로 들떠 있었다.

'이 우유를 팔면 달걀 300개를 사서 암탉에게 안겨야지. 병아리를 키우고 병아리가 닭이 되면 많은 돈이 생길 거야. 그럼 여왕(女王)이 입는 드레스를 사고 파티를 열어야지. 그 파티에 멋진 남자들을 초대하는 거야.'

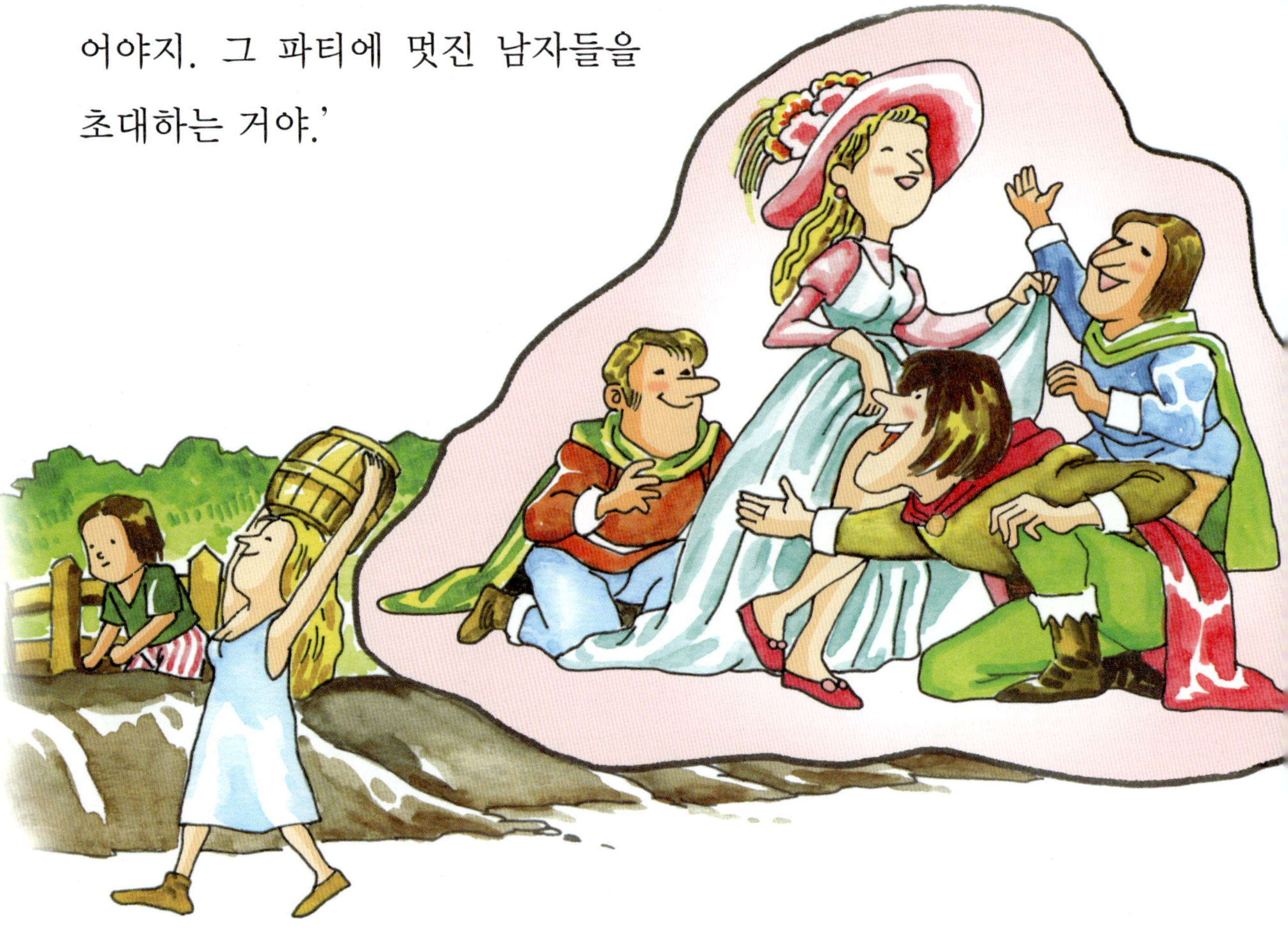

처녀는 즐거운 공상에 황홀한 표정이었다.

'멋진 남자들이 여(女)배우보다 더 예쁜 미녀(美女)라며 앞다투어 내게 파트너가 되어달라고 하겠지. 그러면 나는 거절할 거야.'

처녀는 고개를 치켜들며 거절하는 자세를 취하다가 그만 우유통을 떨어뜨리고 말았다. 그와 함께 그녀의 찬란한 꿈도 무참하게 깨져버렸다.

 한자야 놀자!

 이렇게 쓰여요!

女	계집　　녀
	부수 : 계집 녀(女)
	총획 : 3획

女王 여왕　여자 임금.

女學生 여학생　여학교의 학생.

女人 여인　어른이 된 여자.

나팔수의 죄

군대(軍隊) 나팔수였던 군인(軍人)이 전쟁 중에 적군(敵軍)에게 포로가 되었다. 그는 심한 고문을 받았는데, 견디다 못해 나팔수임을 밝혔다.

"살려주세요. 저는 전투병이 아니에요. 그러니 죄가 없어요. 죄가 있다면 나팔을 분 죄밖에 없습니다."

그 말에 고문을 하던 적군이 호통을 쳤다.

"바로 그것이 네가 죽어야 할 이유이다. 비록 직접 싸우지 않고 누구를 죽이지 않았다 해도 나팔을 분 것은 큰 죄다. 네 나팔소리가 군사(軍士)들의 사기를 북돋았기 때문이다."

 한자야 놀자!  이렇게 쓰여요!

軍	군사 군
	부수 : 수레 거(車)
	총획 : 9획

軍人 **군인** 군대에 복무하는 사람.
女軍 **여군** 여자 군인. 여자로 조직된 군대.
水軍 **수군** 조선 시대에, 배를 타고 바다에서 싸우던 군대.

■참고하세요! 敵軍(적군) : 적의 군대나 군사.

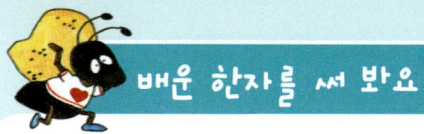

| 弟 | 아우　　제
부수 : 활 궁(弓)
총획 : 7획 |  | 막대에 가죽끈을 차례로 내리 감은 모양에서, 형제의 순서에서 아래인 '아우'의 뜻이 된 글자. |

쓰는 순서　丶 丷 ⺷ ⺸ 弟 弟

| 弟 | 弟 | | | | | | | | |

| 寸 | 마디　　촌
부수 : 마디 촌(寸)
총획 : 3획 | 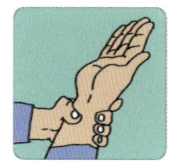 | 오른손 손목에 엄지손가락을 대어 맥을 짚는 모양에서, '재다'의 뜻을 나타냄. |

쓰는 순서　一 十 寸

| 寸 | 寸 | | | | | | | | |

| 王 | 임금　　왕
부수 : 구슬 옥(玉)
총획 : 4획 |  | 큰 도끼의 날을 아래로 드리운 모양에서 '임금'의 뜻을 나타냄. |

쓰는 순서　一 二 王 王

| 王 | 王 | | | | | | | | |

人	사람 **인**
	부수 : 사람 인(人)
	총획 : 2획

사람이 팔을 벌리고 서 있는 옆 모습을 본뜬 글자.

쓰는 순서 ノ 人

人	人								

女	계집 **녀**
	부수 : 계집 녀(女)
	총획 : 3획

무릎을 꿇고 그 위에 손을 얹고 앉아 있는 여자의 모습.

쓰는 순서 く 女 女

女	女								

軍	군사 **군**
	부수 : 수레 거(車)
	총획 : 9획

전차[車]의 주위를 둘러싸고 [冖] 진군하는 '군사'라는 뜻.

쓰는 순서 ノ 冖 冖 冖 冃 冒 冒 宣 軍

軍	軍								

이야기 서른일곱

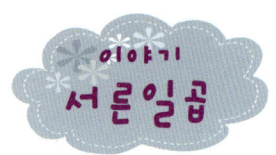

사람의 말을 믿은 늑대

어느 날, 거지 늑대가 마을을 지나다가 어떤 집 창문(窓門)을 들여다보았다. 방안에서는 한 어머니가 어린 아들을 야단치고 있었다.

"우리 가문(家門)에 너 같은 울보는 없다. 당장 울음을 그치지 않으면 늑대 밥이 되게 쫓아낼 거야."

신바람이 난 늑대는 대문(大門) 앞에서 아이가 쫓겨나오기를 기다렸다.

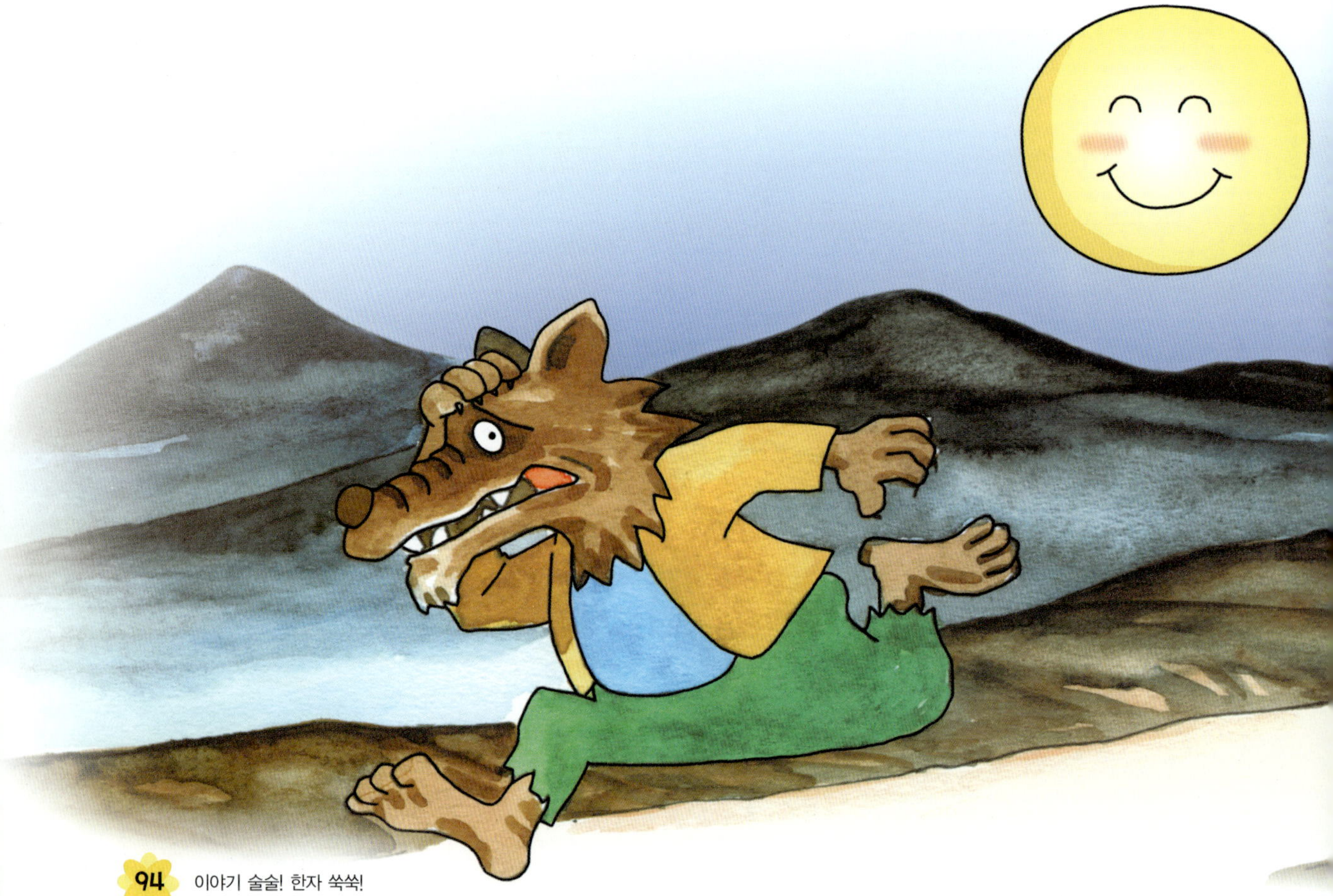

잠시 후 아이 울음소리는 그치고, 어머니의 목소리가 들려왔다.

"역시 우리 아들은 엄마 말 잘 듣는 착한 아이야. 이제 늑대가 오면 문중(門中)을 위해 죽여 버려야지."

깜짝 놀란 늑대는 도망가면서 혼자 투덜거렸다.

"인간의 말을 믿은 내가 바보지!"

 한자야 놀자!

 이렇게 쓰여요!

門	문 문
	부수 : 문 문(門)
	총획 : 8획

大門 대문 큰 문. 집의 정문.
門中 문중 성(姓)과 본(本)이 같은 가까운 집안.
東門 동문 동쪽 문. 동쪽으로 난 문.

■ 참고하세요! 家門(가문) : 가족 또는 가까운 일가로 이루어진 공동체.

헤르메스 신의 평가

　헤르메스 신은 민심(民心)이 자기를 어떻게 평가하는가 알아보기 위해 평민(平民)으로 변장했다. 그러고는 한 상점에 들어가 제우스 상의 값을 물었다. 상인이 대답했다.
　"삼만 원입니다."
　헤르메스 신은 깜짝 놀랐다. 최고의 신인 제우스에 대한 사람들의 평가가 의외로 형편없었기 때문이다.

불안감을 느끼면서도 헤르메스 신은 자기에 대한 평가는 다를 것을 기대하며 자기 조각상을 가리키고는 값을 물었다. 상인의 대답은 헤르메스 신에게 충격이었다.

"서민(庶民)들이 외면하는 그 조각상은 제우스 상을 사시면 공짜로 드립니다."

 한자야 놀자!  이렇게 쓰여요!

民

백성 민

부수 : 성씨 씨(氏)
총획 : 5획

民生 민생 　국민의 생활.
人民 인민 　사회를 구성하는 사람. 국민. 백성.
國民 국민 　국가를 구성하는 사람. 또는 그 나라의 국적을 가진 사람.

■참고하세요! 庶民(서민) : 일반 국민. 귀족이나 상류층이 아닌 보통 사람.

백조와 까마귀

　자신의 까만 깃털이 부끄러운 까마귀가 있었다. 까마귀는 백조(白鳥)의 백옥(白玉) 같은 흰[白] 깃털을 부러워한 나머지 엉뚱한 생각을 하기 시작했다.
　'백조의 백옥 같은 깃털은 틀림없이 그가 살고 있는 백수(白水) 때문일 거야.'

마침내 까마귀는 자신이 살고 있는 고향을 버리고 백조가 살고 있는 백두산(白頭山) 연못으로 날아갔다. 그리고 달 밝은 백야(白夜)에 맑은 백수로 정성을 다해 씻었다. 그러나 까마귀의 까만 깃털은 백옥이 되지 않았다.

화가 난 까마귀는 백조를 원망하며 자기 둥지로 돌아가다가 독수리에게 잡아먹혔다.

 한자야 놀자!

 이렇게 쓰여요!

白	흰 백
	부수 : 흰 백(白)
	총획 : 5획

白人 **백인** 백색 인종에 딸린 사람.
白金 **백금** 은백색의 귀금속.
白土 **백토** 빛깔이 희고 부드러우며 고운 흙.

 참고하세요!
白水(백수) : 깨끗하고 맑은 물. '깨끗한 마음'을 비유하여 이르는 말.
白夜(백야) : 밤에 어두워지지 않는 현상. 또는 그런 밤.

일벌과 수벌

　꿀벌들은 열심히 벌집[室]을 만들었다. 거의 완성 단계에 이르러 특별히 잘 만든 침실(寢室)의 소유권을 놓고 수벌과 일벌들은 서로 자기 것이라고 우겼다. 수벌들은 실내(室內)를 지을 때 힘든 일을 했기 때문에 침실은 자기들 것이라고 주장했다. 왕실(王室)을 차지한 여왕벌이 중재에 나섰다.
　"서로 차지하려고 하는 침실의 소유권은 거실(居室)의 모양과 꿀맛에 따라 결정하겠다."

여왕벌의 제의에 일벌들은 동의했으나 수벌들은 부당하다고 거절했다. 여왕벌은 즉시 판결을 내렸다.

"그 침실을 누가 지었고 누가 지을 수 없는지 이제 분명해졌다. 나는 열심히 일한 일벌들에게 침실과 함께 달콤한 꿀을 허락하노라."

 한자야 놀자!

 이렇게 쓰여요!

室	집/방 실
	부수 : 갓머리(宀)
	총획 : 9획

王室 **왕실** 왕의 집안.

室長 **실장** 연구실·분실 따위의 '실'자가 붙은 부서의 우두머리.

개미의 성격

겉모양으로는 개미지만 개미는 본래 탐욕스러운 농부였다. 농부가 개미로 변한 사연은 이러하다.

어느 날, 자신의 수확물에 만족하지 못한 농부는 외출(外出)했다가 외부(外部) 사람, 곧 남의 수확물을 훔쳤다.

농부의 욕심에 화가 난 제우스 신은 농부를 개미로 바꿔 버렸다.

"너는 죽도록 일만 하고 살아야 하는 개미가 되어야겠다!"

농부가 개미로 외형(外形)은 바뀌었어도 그 성격은 변하지 않았다. 그래서 오늘날까지도 국내외(國內外)를 막론하고 먹이가 있는 곳이라면 죽을 힘을 다해 기어가 먹이를 훔쳐와서는 창고에 쌓아놓는다.

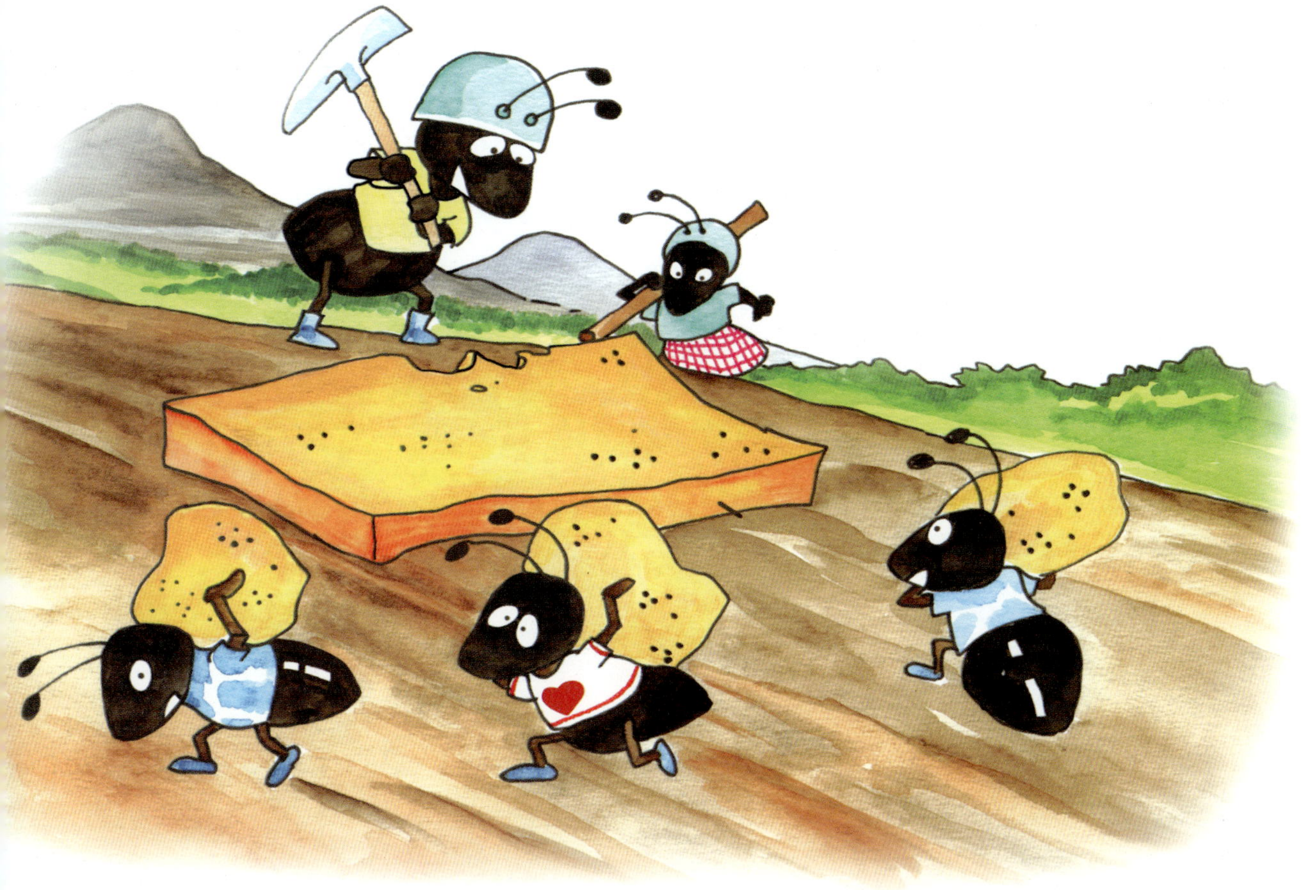

外	바깥 외
	부수 : 저녁 석(夕)
	총획 : 5획

外人 외인 가족 이외의 사람. 같은 조직이나 단체에 딸리지 않은 사람.
外國 외국 자기 나라가 아닌 다른 나라.
外三寸 외삼촌 어머니의 남자 형제.

■참고하세요! 外形(외형) : 겉으로 드러난 모양. 겉모양.

여우와 긴 뱀

여우는 장점(長點)보다 나쁜 점이 더 많았는데, 특히 시샘이 많았다. 그런 여우가 어느 날 장백산(長白山)을 오르다가 산 중턱에서 장작을 베개삼아 낮잠을 자고 있는 긴[長] 뱀을 보았다.

"나도 뱀처럼 키가 컸으면 좋겠다. 그러면 다른 동물들에게 자랑할 수 있겠지?"

장신(長身)인 뱀처럼 키가 크고 싶은 여우는 뱀 옆에 누워 자기 몸을 억지로 늘리기 시작하였다.

그러나 키가 크기는커녕 여우는 지나치게 힘을 쓰다 그만 숨이 막혀 죽고 말았다.

 한자야 놀자!  이렇게 쓰여요!

長	긴/어른 장
	부수 : 긴 장(長)
	총획 : 8획

長白山 **장백산** 백두산의 다른 이름.
長女 **장녀** 맏딸. 큰딸.
年長 **연장** 서로 비교하여 보아 나이가 많음. 또는 그런 사람.

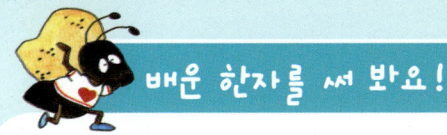

門	문　　문
	부수 : 문 문(門)
	총획 : 8획

좌우 두 개의 문짝을 닫아 놓은 모양을 본뜬 글자.

 쓰는 순서　｜　冂　冂　冂　門　門　門　門

門	門							

民	백성　　민
	부수 : 성씨 씨(氏)
	총획 : 5획

풀이 무성한 모양에서, 토지에 의지하여 사는 사람이 많은 데서 '백성'을 뜻함.

 쓰는 순서　フ　コ　尸　戸　民

民	民							

白	흰　　백
	부수 : 흰 백(白)
	총획 : 5획

해[日]에서 나오는 빛[丿]이 '희다'는 데서 생긴 글자.

쓰는 순서　ノ　イ　白　白　白

白	白							

이야기 술술! 한자 쑥쑥!

室

집/방   실

부수 : 갓머리(宀)

총획 : 9획

집[宀]에 사람이 이르러[至 이를 지] 머무르는 곳에서 '방'을 뜻함.

 쓰는 순서 `丶 丶 宀 宀 宁 宏 宰 室 室`

| 室 | 室 | | | | | | | | |

外

바깥   외

부수 : 저녁 석(夕)

총획 : 5획

저녁[夕 저녁 석]에 점[卜 점 복]을 치는 것은 관례에 벗어난다 하여 '밖'을 뜻하게 된 글자.

쓰는 순서 `ノ ク 夕 外 外`

| 外 | 外 | | | | | | | | |

長

긴/어른   장

부수 : 긴 장(長)

총획 : 8획

수염과 머리카락이 긴 노인이 지팡이를 짚고 있는 모양에서 '어른, 길다'의 뜻이 된 글자.

 쓰는 순서 `一 ⺊ F F 토 长 長 長`

| 長 | 長 | | | | | | | | |

나무와 청년들

청년(靑年)들이 청운(靑雲)의 꿈을 품고 도시로 공부하러 가고 있었다. 찌는 듯 무더운 여름 날씨에 청산(靑山) 아래를 지나가다가 그들은 푸른[靑] 잎이 무성한 나무 그늘 아래로 갔다.

그늘 아래에서 휴식을 취하던 한 청년이 나무를 유심히 살피더니 비웃으며 말했다.

"겉만 번드르르하고 과일도 열리지 않는 쓸모없는 나무군!"

그 말에 나무가 청년에게 충고했다.

"그늘에서 휴식을 취하게 해준 은혜에 감사할 줄도 모르고, 남의 단점에 대해서는 청산유수(青山流水), 너야말로 말만은 번드르르 하구나!"

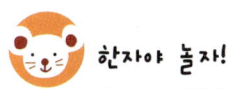

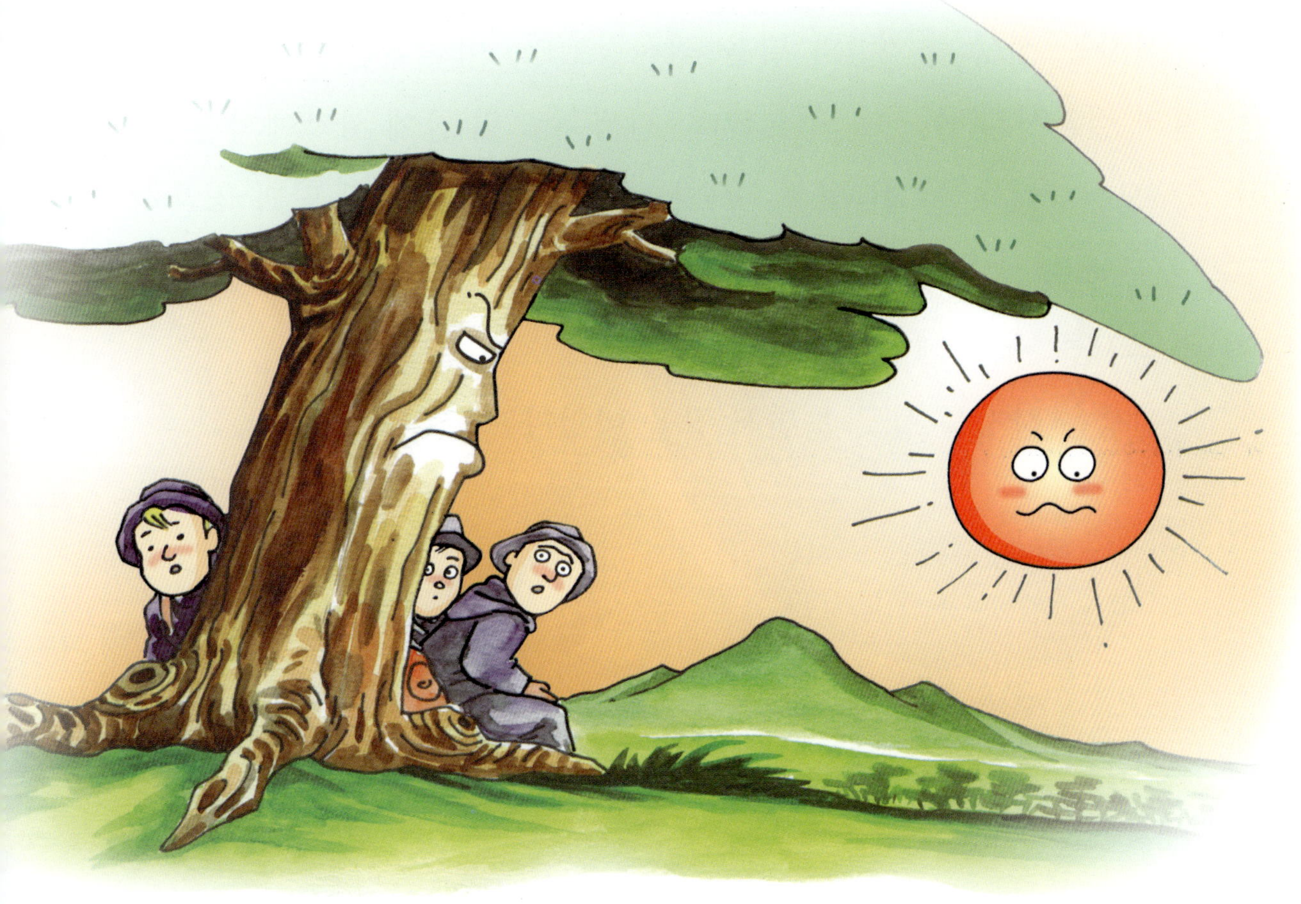

한자야 놀자!

青	푸를 청
	부수 : 푸를 청(青)
	총획 : 8획

이렇게 쓰여요!

青山 **청산** 풀과 나무가 무성한 푸른 산.

青軍 **청군** 운동 경기 따위에서, 여러 편으로 갈라 겨룰 때, 푸른 빛깔의 상징물을 사용하는 쪽의 편.

■ 참고하세요! **青雲**(청운) : 푸른빛을 띤 구름. '높은 명예나 벼슬'을 비유하여 이르는 말.

青山流水(청산유수) : '말을 거침없이 잘하는 모양이나 그렇게 하는 말'을 비유하여 이르는 말.

이야기
마흔넷

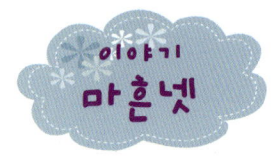

사랑에 눈이 먼 사자

사자는 선생(先生)의 딸을 짝사랑했다. 마침내는 선생을 협박해 딸과 결혼시켜 줄 것을 강요했다. 선생은 고민 끝에 사자에게 말했다.

"모든 경사에는 선후(先後)가 있는 법, 자네가 내 딸과 결혼하려면 우리 가문의 선례(先例)에 따라야 하네. 먼저 선약(先約)을 하고 그대로 해야 해."

선생은 사자를 힐끗 보면서 말을 이었다.

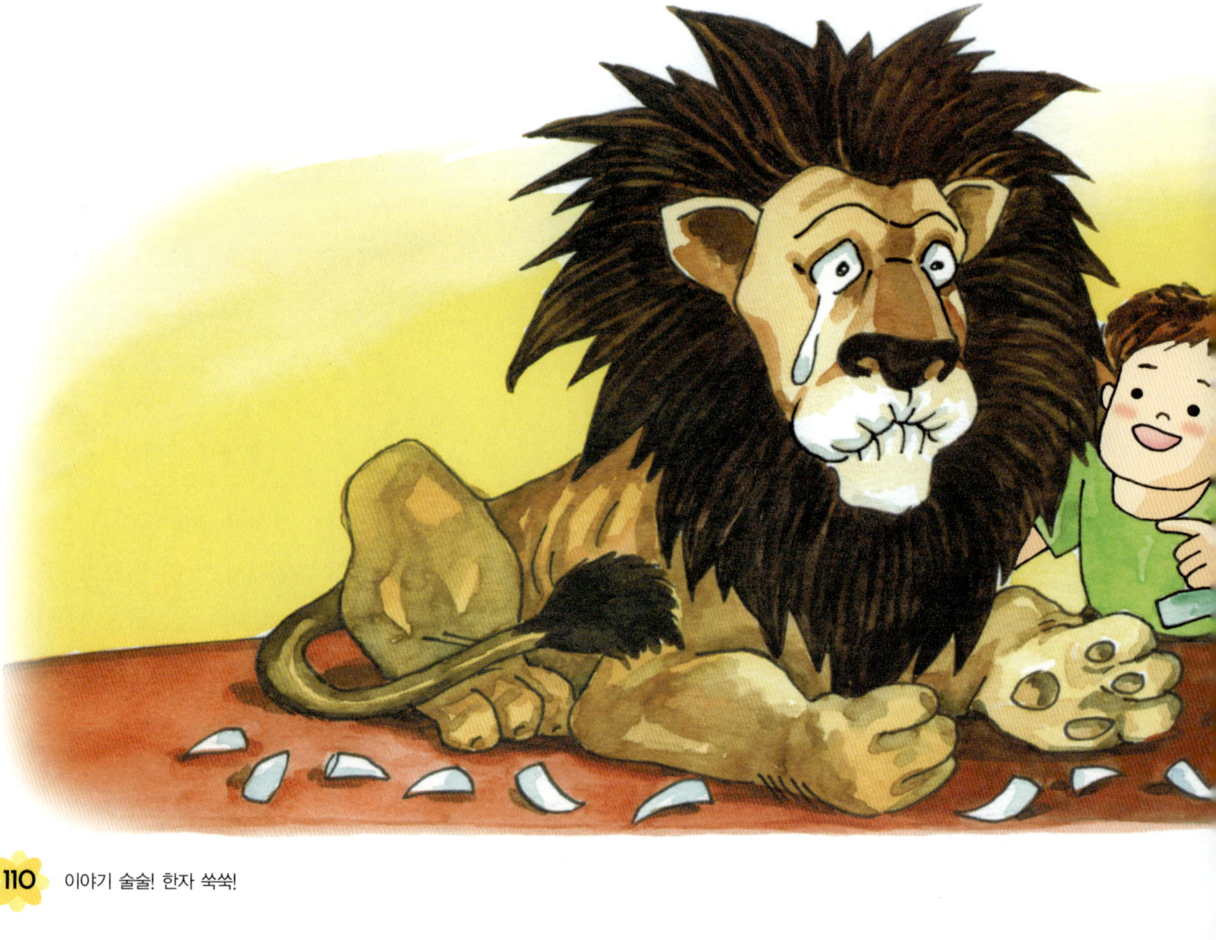

"무엇보다도 내 딸이 무서워하는 자네의 이빨과 발톱을 뽑아야 하네."
사랑에 눈이 멀고 선견지명(先見之明)이 부족한 사자는 선생의 말대로 스스로 이빨과 발톱을 뽑아버렸다. 사자가 인간에게 속은 것을 안 것은 이빨과 발톱을 뽑고 나서 바로 버림을 받았을 때이다.

 한자야 놀자!    이렇게 쓰여요!

先 먼저 선
부수 : 어진사람 인(儿)
총획 : 6획

先生 선생 남을 가르치는 사람. 교사.
先人 선인 선친. 조상. 옛날 사람.
先金 선금 무엇을 살 때에 먼저 치르는 돈.

■ 참고하세요! 先見之明(선견지명) : 어떤 일이 일어나기 전에 미리 앞을 내다보고 아는 지혜.

뚱뚱한 암탉과 여주인

어떤 집에서는 생기(生氣) 넘치는 암탉이 아침마다 질이 좋아 비싼 값에 팔리는 달걀을 낳아[生]주었다. 그 덕분에 암탉은 집안 생계(生計)에 큰 보탬이 되었다.

어느 날부터 여주인은 뭔가를 기대하면서 닭의 모이를 배로 늘려주었다.

여주인의 욕심에서 비롯된 계략은 정말 엉뚱했다.

"모이를 배로 주면 소중한 내 암탉은 하루에 두 번 알을 낳을 거야!"

그 후 암탉은 모이를 많이 먹어 생식(生殖)을 맡은 알집에 기름이 차올랐다. 그래서 알을 전혀 낳지 못하게 되었다.

한자야 놀자!

生

날 생

부수 : 날 생(生)
총획 : 5획

이렇게 쓰여요!

生日 생일 태어난 날.
生年月日 생년월일 태어난 해와 달과 날.
生父 생부 자기를 낳은 아버지. 친아버지.

■ 참고하세요! 生計(생계) : 살림을 살아가고 있는 형편.   生殖(생식) : 낳아서 불림.

이야기 마흔여섯

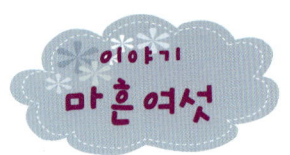

목동과 늑대

어느 추운 날, 북한(北韓) 지역에서 굶주린 늑대 한 마리가 따뜻한 남한(南韓)으로 넘어왔다. 그 늑대는 초원에서 풀을 뜯고 있는 양떼를 발견하고 그 뒤를 따라다녔다.

목동은 바짝 경계를 했다. 늑대는 매일같이 양떼를 지키기라도 하듯이 따라다닐 뿐 공격을 하지는 않았다. 그런 모습에 목동은 늑대를 친구로 인정했다.

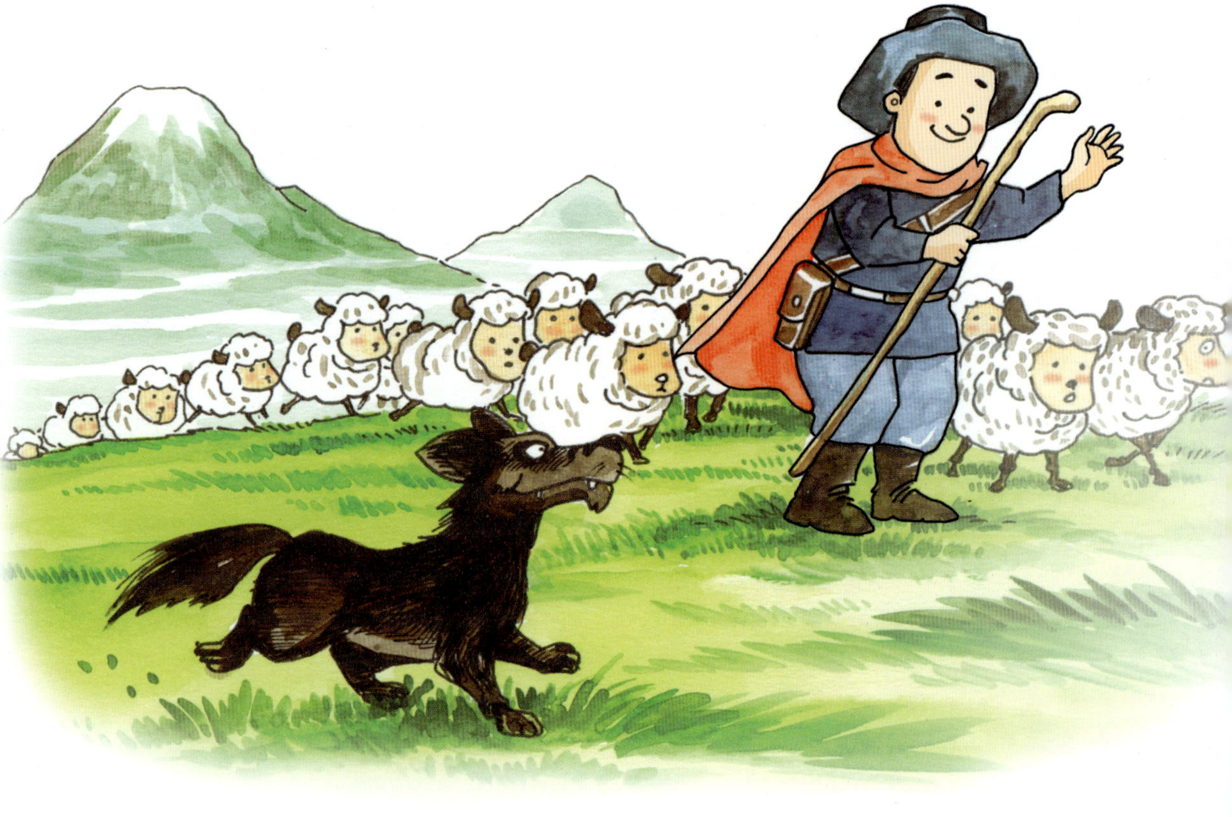

그러던 어느 날 목동은 아픈 어머니를 위해 한약(韓藥)을 지어와야 했다. 마을로 내려가면서 늑대에게 자기가 없는 동안 양들을 돌보아달라고 부탁했다.

목동이 돌아와 보니 양들은 간 곳 없고 늑대가 먹다 버린 양들의 뼈들만 널려 있었다. 목동은 한탄했다.

"겉만 보고 믿었던 내가 잘못이지……."

 한자야 놀자!

 이렇게 쓰여요!

韓 한국/나라 한
부수 : 가죽 위(韋)
총획 : 17획

大韓民國 **대한민국** 우리나라의 국명(國名).
韓國 **한국** '대한민국'의 준말.
南北韓 **남북한** 남한과 북한.

허풍쟁이 남자

외국(外國) 여행을 하다가 귀국(歸國)한 한 남자가 친구에게 허풍을 떨었다.

"내가 미국(美國) 여행을 할 때 아름다운 미국여자가 날 좋아한다고 말을 걸지 않겠어? 그래서 나도 그녀에게 영어로 사랑한다고 말했지. 그 후 우리는 깊은 사랑에 빠졌던 거야."

친구가 놀리듯 물었다.

"그게 사실이라면 여기가 미국이라 생각하고 그때 미국여자에게 한 말을 영어로 해봐."

사실 국어(國語) 외에는 외국어(外國語)를 전혀 할 줄 모르는 친구는 입을 다물 수밖에 없었다.

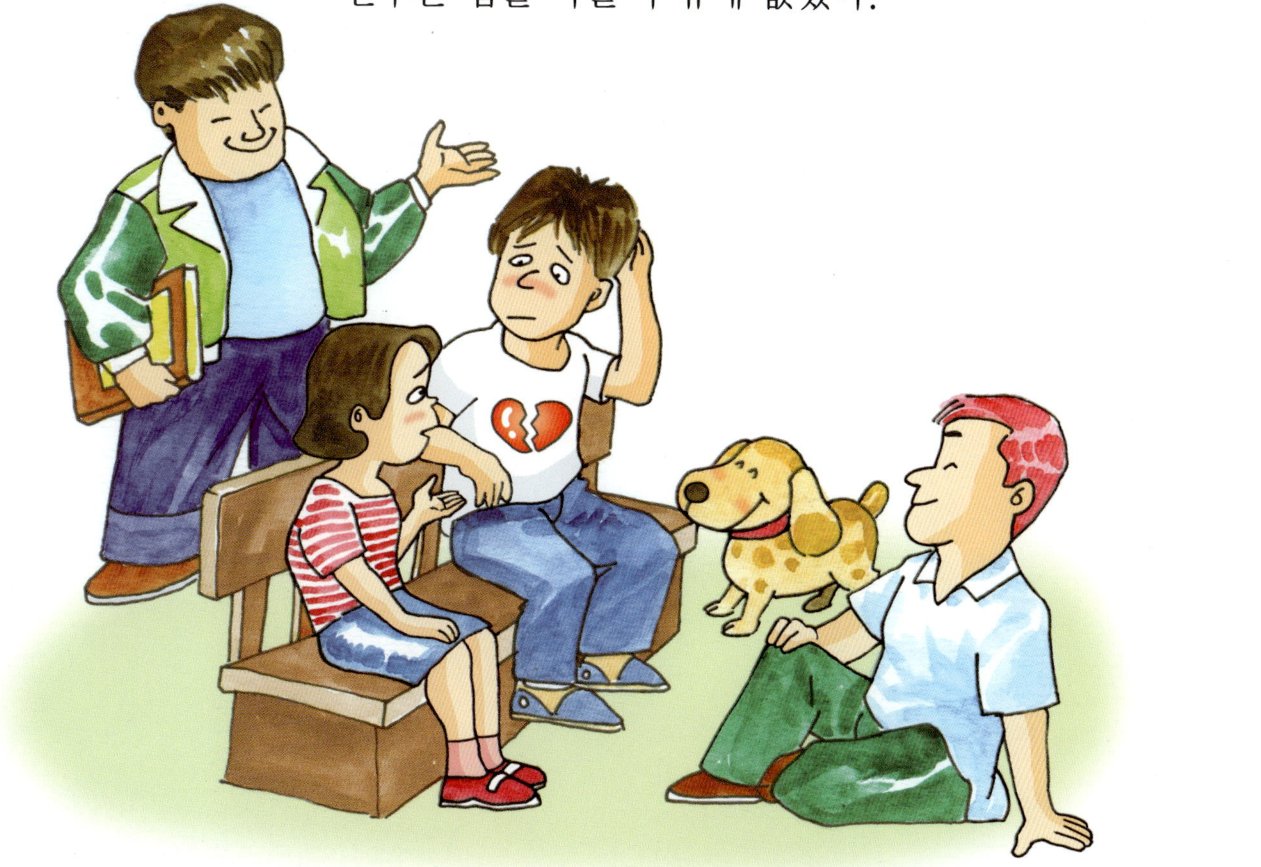

國	나라 국
	부수 : 큰입구(口)
	총획 : 11획

國軍 국군 나라 안팎의 적으로부터 나라를 보존하기 위하여 조직한 군대.
國土 국토 나라의 땅, 곧 국가 통치권이 미치는 지역.
母國 모국 자기의 조국을 이르는 말. 조국(祖國).

■ 참고하세요! 歸國(귀국) : 외국에 있던 사람이 자기 나라로 돌아가거나 돌아옴.

학생과 교장 선생님

학교(學校)에 가기 위해 강둑을 지나던 한 학생이 장난을 치다가 그만 강물에 빠져버렸다. 학생은 허우적거리며 주위를 둘러보았다. 그때 마침 교장(校長) 선생님이 등교(登校)하기 위해 둑길을 걸어왔다.

"교장 선생님, 살려주세요!"

다급한 구원 요청에도 교장 선생님은 학생의 실수를 나무라며 설교를 했다. 학생은 숨가쁘게 소리쳤다.

"지금은 교장 선생님 설교를 들을 때가 아녜요. 설교는 나중에 하시고 절 좀 구해 주세요!"

 한자야 놀자!

校	학교 교
	부수 : 나무 목(木)
	총획 : 10획

 이렇게 쓰여요!

校長 교장 대학이나 학원을 제외한 각급 학교의 으뜸 직위. 또는 그 직위에 있는 사람.

校門 교문 학교의 정문.

■참고하세요! 登校(등교) : 학교에 감.

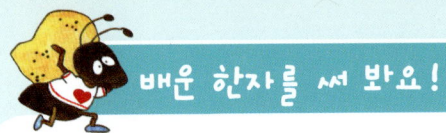

靑	푸를 　 청 부수 : 푸를 청(靑) 총획 : 8획

초목의 싹이 나올[主=生] 때에는 붉으나[丹 붉을 단] 자라면 '푸르다'는 뜻으로 된 글자.

쓰는 순서   一 二 十 主 丰 青 青 青

青	青							

先	먼저 　 선 부수 : 어진사람 인(儿) 총획 : 6획

사람[儿]이 남보다 앞서 간다[先←之의 변형]는 데서 '먼저'의 뜻이 됨.

쓰는 순서   丿 亠 屮 生 歨 先

先	先							

生	날 　 생 부수 : 날 생(生) 총획 : 5획

풀의 싹이 흙[土]을 뚫고 나오는 모양을 본뜬 글자.

쓰는 순서   丿 ㅏ 느 牛 生

生	生							

韓

한국/나라 한

부수 : 가죽 위(韋)
총획 : 17획

해돋는[𠦝] 쪽에 성곽 같은 산에 둘러싸인[韋 에울 위] '나라' 라는 뜻.

쓰는 순서: 一 十 十 古 古 古 查 卓 卓 卓 乾 乾 乾 乾 韓 韓 韓

韓 韓

國

나라 국

부수 : 큰입구(囗)
총획 : 11획

국경선[囗 에울 위]에 적이 침입하지 못하도록 무기[戈 창 과]를 들고 국민[口]과 국토[一]를 지킴.

쓰는 순서: 丨 冂 冂 冃 冋 冋 同 囻 國 國 國

國 國

校

학교 교

부수 : 나무 목(木)
총획 : 10획

구부러진 나무[木]를 엇걸어 [交 엇걸 교] 매어 '바로잡는다' 는 데서 '학교, 바로잡다'의 뜻이 됨.

쓰는 순서: 一 十 才 木 木' 杧 杧 柠 柠 校

校 校

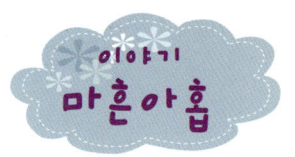

이야기
마흔아홉

욕심많은 학생

어느 학교 교실(教室)에서 있었던 일이다. 욕심 많은 학생이 맛있는 과자가 잔뜩 들어 있는 목이 잘록한 병 속에 손을 집어넣었다. 욕심껏 과자를 손아귀에 쥐고 나서 손을 빼내려 했다.

그러나 과자를 잔뜩 쥔 주먹이 잘록한 병목보다 커서 손이 빠지지 않았다.

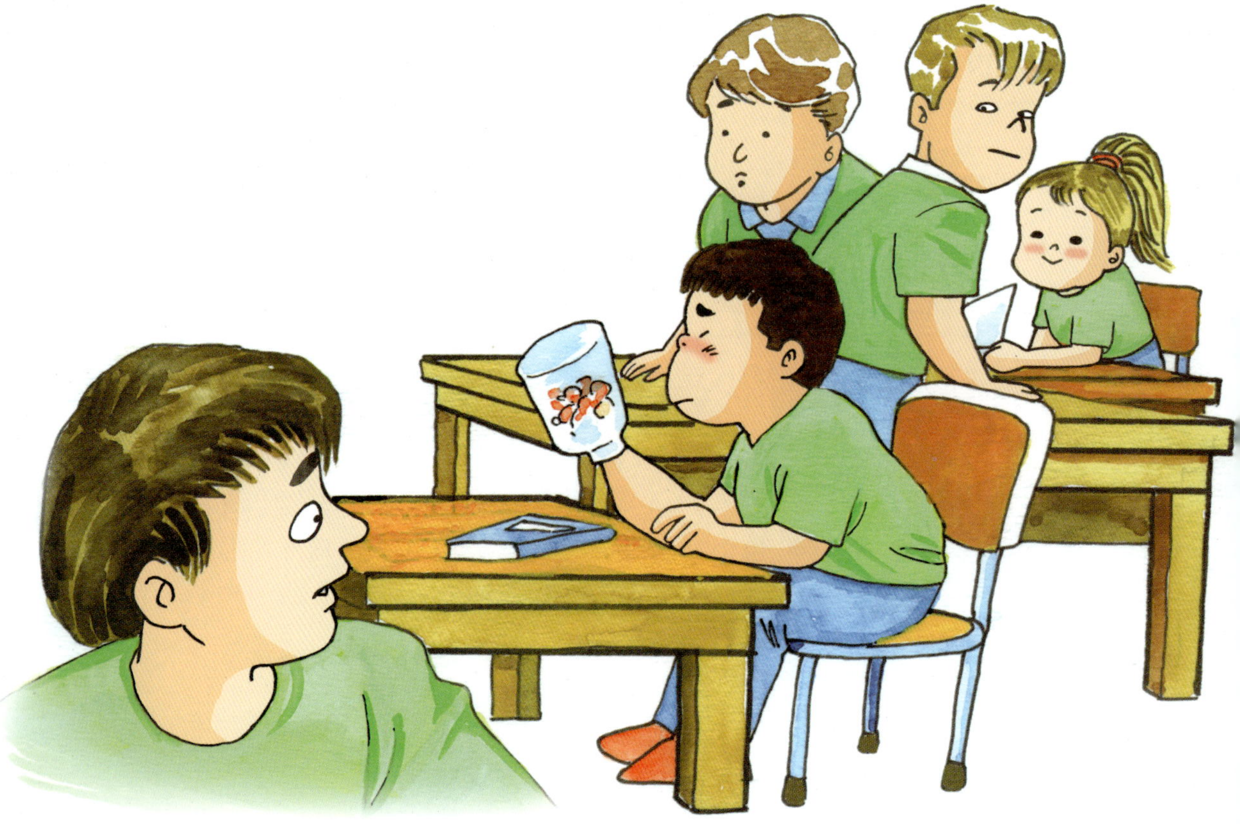

평소에 아는 것도 많고 교양(敎養) 있는 한 학생이 욕심꾸러기 학생에게 마치 교사(敎師)라도 된 것처럼 말했다.

"처음엔 과자를 반만, 나머지 반은 다음 번에 꺼내도록 해. 그러면 손이 빠질 거야."

 한자야 놀자!

 이렇게 쓰여요!

敎	가르칠 　 교
	부수 : 둥글월문(攵〈攴〉)
	총획 : 11획

敎室 교실　학교에서 주로 수업에 쓰는 방.
敎生 교생　'교육 실습생'을 줄여 이르는 말.
敎學 교학　가르치는 일과 배우는 일.

■참고하세요! **敎養**(교양) : 학문, 지식, 사회생활을 바탕으로 이루어지는 품위.

사자와 철학자

　학식(學識)이 뛰어난 한 철학자(哲學者)가 있었다. 요즈음 그는 학문(學文)을 하기보다 싸움꾼인 사자와 함께 여행을 하고 있었다. 그러면서 사람과 사자 둘 중에 누가 더 똑똑하고 강한지에 대해 열띤 논쟁을 벌였다. 논쟁 중에 철학자는 힘센 사람에게 무릎을 꿇은 길 건너편 사자 조각상을 가리켰다.

"저 조각이야말로 사람의 우수성과 강함을 나타내는 살아 있는 증거인 동시에 내 학설(學說)에 대한 강력한 증거이다."

그 말에 사자가 반박했다.

"저 조각은 학술(學術)적으로 조작한 것일 뿐이다. 우리가 만들었다면 사자 발밑에 깔린 사람들은 가을 낙엽처럼 수두룩할걸?"

 한자야 놀자!  이렇게 쓰여요!

學	배울 학
	부수 : 아들 자(子)
	총획 : 16획

學校 학교 일정한 교육 목적 아래 교사가 계속적으로 학생에게 교육을 하는 기관.
學年 학년 일 년간의 학습 과정의 단위.
大學 대학 고등 교육을 베푸는 교육 기관.

■ 참고하세요! 學說(학설) : 학문상으로 주장하는 이론.　　學術(학술) : 학문의 방법이나 이론.

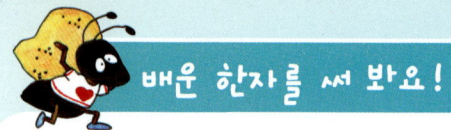 배운 한자를 써 봐요!

| 教 | 가르칠 **교**
부수 : 둥글월문(攵<攴>)
총획 : 11획 |  | 손에 회초리[攵 본받을 효]를 들고 자식[子]을 쳐서[攵 칠 복] 가르친다 하여 '가르친다'의 뜻이 됨. |

쓰는 순서 ノ 㐅 㐅 孝 孝 孝 孝 教 教 教 教

教	教							

| 學 | 배울 **학**
부수 : 아들 자(子)
총획 : 16획 | 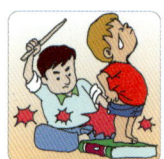 | 아들[子]이 양손에 책을 잡고[臼] 스승의 가르침을 본받으며[爻] '배운다'는 뜻으로 된 글자. |

쓰는 순서 ´ ´ ´ ´ ´ ´ ´ 臼 臼 臼 臼 臼 與 學 學 學

學	學							

● 진동삼(陳東三)

서울에서 태어나
홍익대학교 서양화과를 졸업한 후
각 언론매체와 CF 감독 생활을 거쳐
현재에는 한학자로서
고전 연구와 집필 활동에 전념하고 있다.
저서로는 「노자 5천자 여행」, 「채근담」,
「고사성어」, 「그림 철학여행」, 「붉은 별」,
「등소평」, 「짱구에게 배우는 논어한자」,
「그림으로 배우는 김삿갓 그림 千字文」 등이 있다.

❶ 한자능력검정시험 8급 대비

이솝이야기로 풀어본 어린이 한자 공부
이야기 술술! 한자 쏙쏙!

엮은이 진동삼
펴낸이 박해성
그 림 진동삼
디자인 프리콤
펴낸곳 정진출판사

초판 인쇄 2006년 10월 5일
초판 발행 2006년 10월 10일

주소 서울특별시 성북구 하월곡동 10-6호
전화 (02) 969-8561(代)
Fax (02) 969-8592
Homepage www.jeongjinpub.co.kr
등록일 1989.12.20
등록번호 제6-95호
ISBN 89-5700-053-4 *73710

정가 8,000원

Copyrights ⓒ2006, 正進출판사
출판사의 허락 없이 이 책의 일부 또는 전부를 무단 복사·복제·전재할 수 없습니다.
*잘못 만들어진 책은 구입하신 서점에서 교환해 드립니다.

사자와 생쥐

두 친구와 곰

사자와 삼 등분

양치기 소년

개구리와 어린이

토끼와 거북이

여우의 나눗셈

여우와 포도

二 두 이
부수 : 두 이(二)/총 2획

쓰는 순서 一 二

두 손가락 또는 두 선을 그어 '둘'을 나타낸 글자.

8급 한자

一 한 일
부수 : 한 일(一)/총 1획

쓰는 순서 一

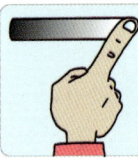

선 하나, 또는 손가락 하나를 펴서 '하나'를 나타낸 자.

8급 한자

四 넉 사
부수 : 큰입구(口)/총 5획

쓰는 순서 丨 冂 冃 四 四

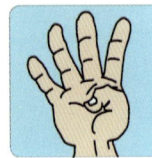

二와 二의 합침, 또는 네 손가락을 편 모양에서 '넷'을 나타냄.

8급 한자

三 석 삼
부수 : 한 일(一)/총 3획

쓰는 순서 一 二 三

가로 그은 세 획으로써 '셋'이라는 뜻을 나타냄.

8급 한자

六 여섯 륙
부수 : 여덟 팔(八)/총 4획

쓰는 순서 丶 一 六 六

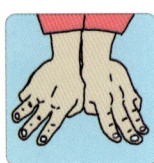

두 손의 손가락을 세 개씩 펴 서로 맞댄 모양에서 '여섯'을 가리킴.

8급 한자

五 다섯 오
부수 : 두 이(二)/총 4획

쓰는 순서 一 丅 五 五

둘[二]에 셋[三]을 어울려 '다섯'을 나타낸 글자.

8급 한자

八 여덟 팔
부수 : 여덟 팔(八)/총 2획

쓰는 순서 丿 八

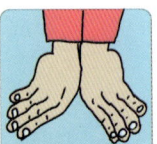

두 손의 네 손가락을 펴서 서로 등지게 한 모양에서 '여덟'을 가리킨 글자.

8급 한자

七 일곱 칠
부수 : 한 일(一)/총 2획

쓰는 순서 一 七

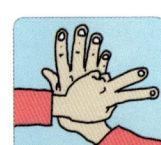

다섯 손가락을 위로 펴고 나머지 손의 두 손가락을 옆으로 편 모양에서 '일곱'을 나타낸 글자.

8급 한자

꼬리 잘린 여우

나귀와 강아지

개구리와 약 광고

노인과 죽음의 신

달과 천문학자

분수를 모르는 촛불

여우와 염소

잘생긴 나무와 못생긴 나무

十	열 십
	부수 : 열 십(十)/총 2획

🖌 쓰는 순서 一十

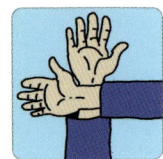
다섯 손가락씩 있는 두 손을 엇걸어 '열'을 가리킨 글자.

8급 한자

九	아홉 구
	부수 : 새 을(乙)/총 2획

🖌 쓰는 순서 ノ九

열[十]에서 가로획을 구부려 하나[一] 적은 아홉.

8급 한자

年	해 년
	부수 : 방패 간(干)/총 6획

🖌 쓰는 순서 ノ 一 一 午 二 年

많은[千 일천 천] 곡식[禾 벼 화]들이 자라 익는 기간을 가리켜 한 '해'의 뜻이 됨.

8급 한자

萬	일만 만
	부수 : 풀 초(艹<艸>)/총 13획

🖌 쓰는 순서 一十卄廾艹芍苩苜草萬萬 萬萬

전갈의 모양을 본뜬 글자로, 전갈이 알을 매우 많이 낳는다는 데서 '일만, 많다'의 뜻이 됨.

8급 한자

火	불 화
	부수 : 불 화(火)/총 4획

🖌 쓰는 순서 丶 丷 少 火

불이 활활 타오르는 모양을 본뜬 글자.

8급 한자

月	달 월
	부수 : 달 월(月)/총 4획

🖌 쓰는 순서 ノ 刀 月 月

달의 모양을 본뜬 글자.

8급 한자

木	나무 목
	부수 : 나무 목(木)/총 4획

🖌 쓰는 순서 一 十 才 木

나무의 모양을 본뜬 글자.

8급 한자

水	물 수
	부수 : 물 수(水)/총 4획

🖌 쓰는 순서 ノ 刁 水 水

물이 흐르는 모양을 본뜬 글자.

8급 한자

황금알을 낳는 거위

땅 속에 묻은 황금

해님과 두꺼비

늑대와 양

서양개와 동양개

매와 비둘기

늑대와 두루미

생쥐와 아기를 낳는 산

土

흙 토

부수 : 흙 토(土)/총 3획

쓰는 순서 一 十 土

땅 위의 흙덩이 모양을 본뜬 글자.

8급 한자

金

쇠 금/성 김

부수 : 쇠 금(金)/총 8획

쓰는 순서 丿 人 𠆢 𠆢 全 余 余 金

흙[土]에 덮여[亼] 있는 광석[丷]의 하나인 '금'을 뜻함.

8급 한자

東

동녘 동

부수 : 나무 목(木)/총 8획

쓰는 순서 一 丆 币 両 両 東 東 東

아침 해[日]가 나무[木]에 걸려 있는 모양으로 해 뜨는 '동쪽'을 나타냄.

8급 한자

日

날/해 일

부수 : 날 일(日)/총 4획

쓰는 순서 ㅣ 冂 日 日

해의 모양을 본뜬 글자.

8급 한자

南

남녘 남

부수 : 열 십(十)/총 9획

쓰는 순서 一 十 十 冂 冂 南 南 南 南

초목은 '남쪽'으로 갈수록 그 가지가 점점 무성해진다는 데서 '남녘'의 뜻이 됨.

8급 한자

西

서녘 서

부수 : 덮을 아(襾)/총 6획

쓰는 순서 一 丆 襾 襾 西 西

저물 무렵에 새가 둥우리를 찾아들어 앉는 모양을 본떠, 해가 지는 쪽인 '서녘'의 뜻으로 쓰이게 됨.

8급 한자

山

메 산

부수 : 메 산(山)/총 3획

쓰는 순서 ㅣ 山 山

산의 모양을 본뜬 글자.

8급 한자

北

북녘 북/달아날 배

부수 : 비수 비(匕)/총 5획

쓰는 순서 ㅣ ㅓ ㅓ 北 北

두 사람이 서로 등을 맞대고 서 있는 모양을 본떠, 남녘과 등진 '북녘', 또는 서로 등져 '배반하다'의 뜻이 됨.

8급 한자

황소와 개구리

박쥐의 이중성격

소인과 작은 물고기

아버지와 두 딸

사형수와 어머니

막대기 한 묶음

형제와 땅 속의 보물

장님과 늑대새끼

中 가운데 중

부수 : 뚫을 곤(丨)/총 4획

쓰는 순서

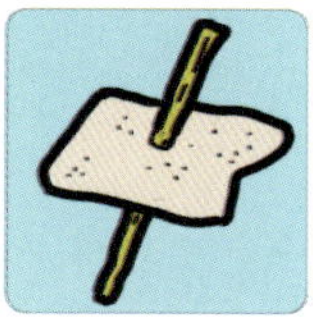

물건[口]의 한가운데를 작대기로 꿰뚫은[丨] 모양에서 '가운데'를 뜻하게 됨.

8급 한자

大 큰 대

부수 : 큰 대(大)/총 3획

쓰는 순서

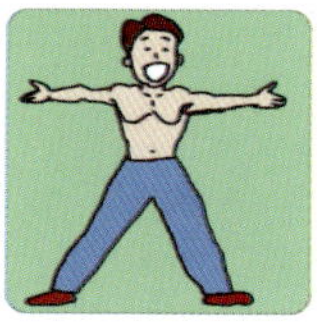

어른이 팔다리를 크게 벌리고 서 있는 모양을 본떠 '큼'이 됨.

8급 한자

父 아버지 부

부수 : 아버지 부(父)/총 4획

쓰는 순서

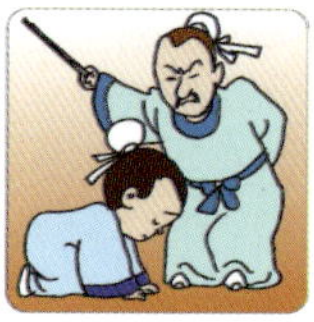

손에 회초리를 들고 있는 모양을 본떠, 아이들을 가르치는 '아버지'를 나타낸 글자.

8급 한자

小 작을 소

부수 : 작을 소(小)/총 3획

쓰는 순서

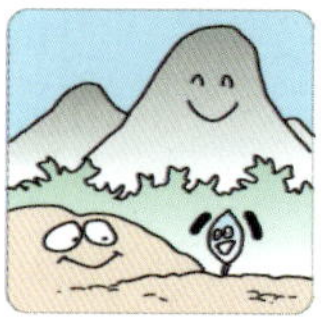

작은 점[丶] 셋으로 물건의 '작은' 모양을 본뜬 글자. 또는 흙을 헤치고[八] 나온[亅] 싹이 '작다'는 뜻.

8급 한자

兄 형/맏 형

부수 : 어진사람 인(儿)/총 5획

쓰는 순서

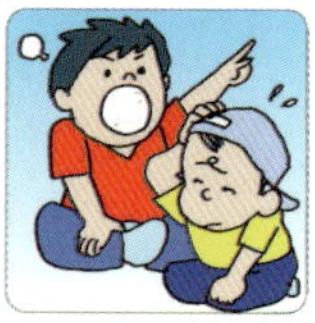

아우를 입[口]으로 타이르는 사람[儿]이라는 데서 '형, 맏'이라는 뜻.

8급 한자

母 어미 모

부수 : 말 무(毋)/총 5획

쓰는 순서

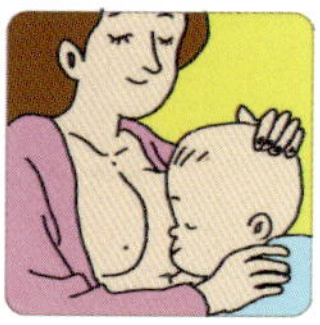

여자[女]의 좌우 유방[丶 丶]을 나타내어 아이에게 젖을 먹여 기르는 '어머니'의 뜻.

8급 한자

寸 마디 촌

부수 : 마디 촌(寸)/총 3획

쓰는 순서

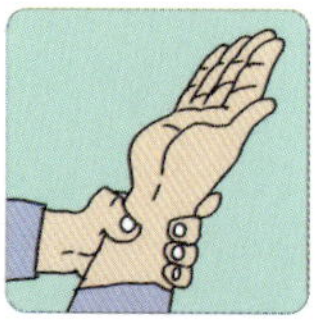

오른손 손목에 엄지손가락을 대어 맥을 짚는 모양에서, '재다'의 뜻을 나타냄.

8급 한자

弟 아우 제

부수 : 활 궁(弓)/총 7획

쓰는 순서

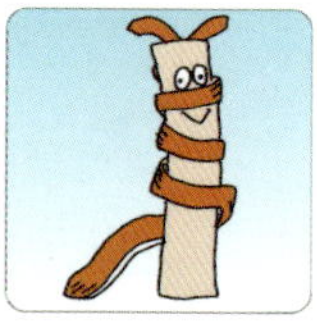

막대에 가죽끈을 차례로 내리감은 모양에서, 형제의 순서에서 아래인 '아우'의 뜻이 된 글자.

8급 한자

■ 점선을 따라 자르세요

원숭이 왕과 여우

인간의 수명

처녀의 허무맹랑한 공상

나팔수의 죄

사람의 말을 믿은 늑대

헤르메스 신의 평가

백조와 까마귀

일벌과 수벌

人 사람 인
부수 : 사람 인(人)/총 2획

쓰는 순서 ノ 人

사람이 팔을 벌리고 서 있는 옆 모습을 본뜬 글자.

8급 한자

王 임금 왕
부수 : 구슬 옥(玉)/총 4획

쓰는 순서 一 二 千 王

큰 도끼의 날을 아래로 드리운 모양에서 '임금'의 뜻을 나타냄.

8급 한자

軍 군사 군
부수 : 수레 거(車)/총 9획

쓰는 순서 ' ᄀ ᄀ ᄀ 冖 冝 冝 軍 軍

전차[車]의 주위를 둘러싸고[冖] 진군하는 '군사'라는 뜻.

8급 한자

女 계집 녀
부수 : 계집 녀(女)/총 3획

쓰는 순서 く 女 女

무릎을 꿇고 그 위에 손을 얹고 앉아 있는 여자의 모습.

8급 한자

民 백성 민
부수 : 성씨 씨(氏)/총 5획

쓰는 순서 フ ㄱ ㄹ ㅌ 民

풀이 무성한 모양에서, 토지에 의지하여 사는 사람이 많은 데서 '백성'을 뜻함.

8급 한자

門 문 문
부수 : 문 문(門)/총 8획

쓰는 순서 ㅣ ㄱ ㄲ ㄲ ㄲ 門 門 門

좌우 두 개의 문짝을 닫아 놓은 모양을 본뜬 글자.

8급 한자

室 집/방 실
부수 : 갓머리(宀)/총 9획

쓰는 순서 ` ㆍ 宀 宀 宀 宁 宏 室 室

집[宀]에 사람이 이르러[至 이를 지] 머무르는 곳에서 '방'을 뜻함.

8급 한자

白 흰 백
부수 : 흰 백(白)/총 5획

쓰는 순서 ノ 亻 白 白 白

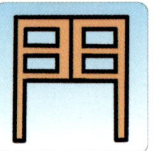
해[日]에서 나오는 빛[ノ]이 '희다'는 데서 생긴 글자.

8급 한자

개미의 성격

여우와 긴 뱀

나무와 청년들

사랑에 눈이 먼 사자

뚱뚱한 암탉과 여주인

목동과 늑대

허풍쟁이 남자

학생과 교장 선생님

長

긴/어른 **장**

부수 : 긴 장(長)/총 8획

쓰는 순서 : 一 厂 厂 F 토 토 토 長

수염과 머리카락이 긴 노인이 지팡이를 짚고 있는 모양에서 '어른, 길다'의 뜻이 된 글자.

8급 한자

外

바깥 **외**

부수 : 저녁 석(夕)/총 5획

쓰는 순서 : ノ ク タ 外 外

저녁[夕 저녁 석]에 점[卜 점 복]을 치는 것은 관례에 벗어난다 하여 '밖'을 뜻하게 된 글자.

8급 한자

先

먼저 **선**

부수 : 어진사람 인(儿)/총 6획

쓰는 순서 : ノ 一 ㄴ 生 步 先

사람[儿]이 남보다 앞서 간다[先←之의 변형]는 데서 '먼저'의 뜻이 됨.

8급 한자

靑

푸를 **청**

부수 : 푸를 청(靑)/총 8획

쓰는 순서 : 一 二 ナ 主 丰 靑 靑 靑

초목의 싹이 나올[主=生] 때에는 붉으나[丹 붉을 단] 자라면 '푸르다'는 뜻으로 된 글자.

8급 한자

韓

한국/나라 **한**

부수 : 가죽 위(韋)/총 17획

쓰는 순서 : 一 十 十 古 古 古 古 卓 卓 卓 卓 卓 卓 卓 韓 韓 韓

해돋는[卓] 쪽에 성곽 같은 산에 둘러싸인[韋 에울 위] '나라'라는 뜻.

8급 한자

生

날 **생**

부수 : 날 생(生)/총 5획

쓰는 순서 : ノ 一 ヒ 牛 生

풀의 싹이 흙[土]을 뚫고 나오는 모양을 본뜬 글자.

8급 한자

校

학교 **교**

부수 : 나무 목(木)/총 10획

쓰는 순서 : 一 十 才 才 木 木' 杧 枛 柼 校

구부러진 나무[木]를 엇걸어[交 엇걸 교] 매어 '바로잡는다'는 데서 '학교, 바로잡다'의 뜻이 됨.

8급 한자

國

나라 **국**

부수 : 큰입구(囗)/총 11획

쓰는 순서 : 丨 冂 冂 月 冃 同 国 国 國 國 國

국경선[囗 에울 위]에 적이 침입하지 못하도록 무기[戈 창 과]를 들고 국민[口]과 국토[一]를 지킴.

8급 한자

욕심많은 학생

사자와 철학자

배울 **학**

부수 : 아들 자(子)/총 16획

쓰는 순서 ` ´ ƒ ƒ ƒ ƒ ƒ ƒ ƒ 阝 阝 阝 阝 阝 阝 阝 學 學

아들[子]이 양손에 책을 잡고[臼] 스승의 가르침을 본받으며[爻] '배운다'는 뜻으로 된 글자.

8급 한자

가르칠 **교**

부수 : 둥글월문(攵〈攴〉)/총 11획

쓰는 순서 ノ メ 亠 乊 孝 孝 孝 孝 孝 敎 敎

손에 회초리[爻 본받을 효]를 들고 자식[子]을 쳐서[攵 칠 복] 가르친다 하여 '가르친다'의 뜻이 됨.

8급 한자

8급 한자 50字

白 흰 백	99	
父 아버지 부	73	
北 북녘 북/달아날 배	61	

弟 아우 제	81
中 가운데 중	69
靑 푸를 청	109
寸 마디 촌	83
七 일곱 칠	25
土 흙 토	49
八 여덟 팔	27
學 배울 학	125
韓 한국/나라 한	115
兄 형/맏 형	77
火 불 화	41

敎 가르칠 교	123
校 학교 교	119
九 아홉 구	29
國 나라 국	117
軍 군사 군	91
金 쇠 금/성 김	47
南 남녘 남	59
女 계집 녀	89
年 해 년	35
大 큰 대	67
東 동녘 동	55
六 여섯 륙	21
萬 일만 만	33
母 어미 모	75
木 나무 목	45
門 문 문	95
民 백성 민	97

四 넉 사	17
山 메 산	63
三 석 삼	15
生 날 생	113
西 서녘 서	57
先 먼저 선	111
小 작을 소	71
水 물 수	43
室 집/방 실	101
十 열 십	31
五 다섯 오	19
王 임금 왕	85
外 바깥 외	103
月 달 월	39
二 두 이	13
人 사람 인	87
日 날/해 일	53
一 한 일	11
長 긴/어른 장	105

※오른쪽의 숫자는 해당 한자가 나와 있는 쪽수입니다.